LIEBE LESERIN, LIEBER LESER,

wer ein paar freie Tage vor sich hat und Fernweh verspürt, setzt sich einfach ans Steuer – und los geht's. Eine lange Planung? Zum Glück nicht nötig.

Egal, ob man Natur und Ruhe sucht oder eine neue Stadt entdecken möchte, der Camper macht's möglich. Immer dabei: die eigenen »vier Wände«, das mobile Hotel. Und wenn einem der Platz doch nicht gefällt, fährt man einfach weiter.

Unabhängig von Wind und Wetter kann das Abenteuer jederzeit beginnen. Die Natur fühlen und erleben beim Wandern, Radeln, Bootfahren, Klettern, Birdwatching und vielem mehr – in den Eskapaden für Camper finden sich Anregungen für ganz Deutschland. Also einsteigen und losfahren!

Viele wunderbare Eskapaden wünscht Ihnen, dir und euch

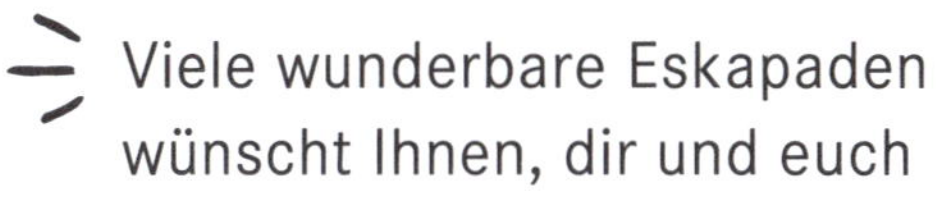

Übrigens: Die GPX-Daten für alle Touren im Buch können unter www.dumontreise.de heruntergeladen werden. Mehr dazu auf Seite 225.

IM NORDEN AB SEITE ...

IM HERZEN AB SEITE ...

IM SÜDEN AB SEITE ...

Abenteuer
ESKAPADEN
AUSZEIT
AUSGLEICH
Wochenende
LÄCHELN
STADT.LAND.
FLUSS.
FREE
LEICHTIG-
ERLEBEN
KEIT
GRÜN
kleine
Fluchten
Wege
Lebensfreude
NATUR
GLÜCK
von Annette Frühauf

AUSZEIT.
ABENTEUER.
LEBENSFREUDE.

1. KAPITEL IM NORDEN

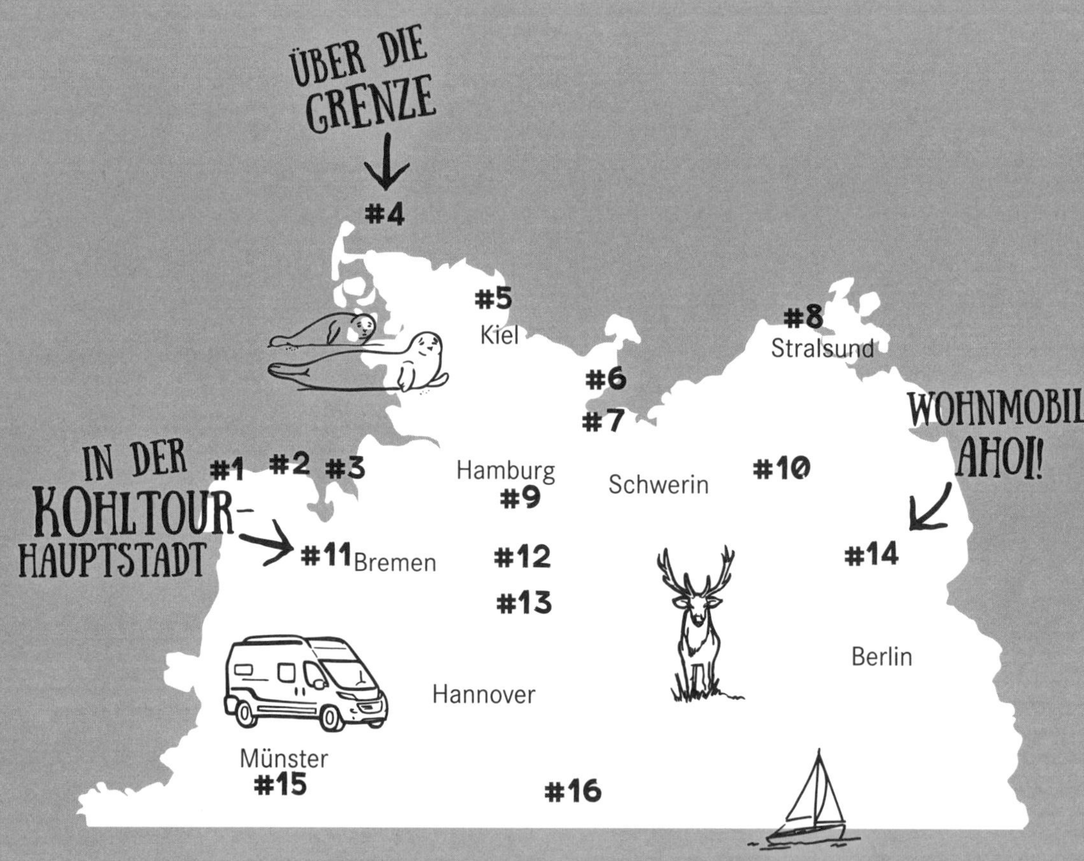

Strände, Vögel, Watt und Weite

Kleine Heuler bei Regen besuchen, dem Birdwatching im Marschenland frönen und durch die einzigartige Heidelandschaft wandern - so viel Abwechslung fürs Wochenende.

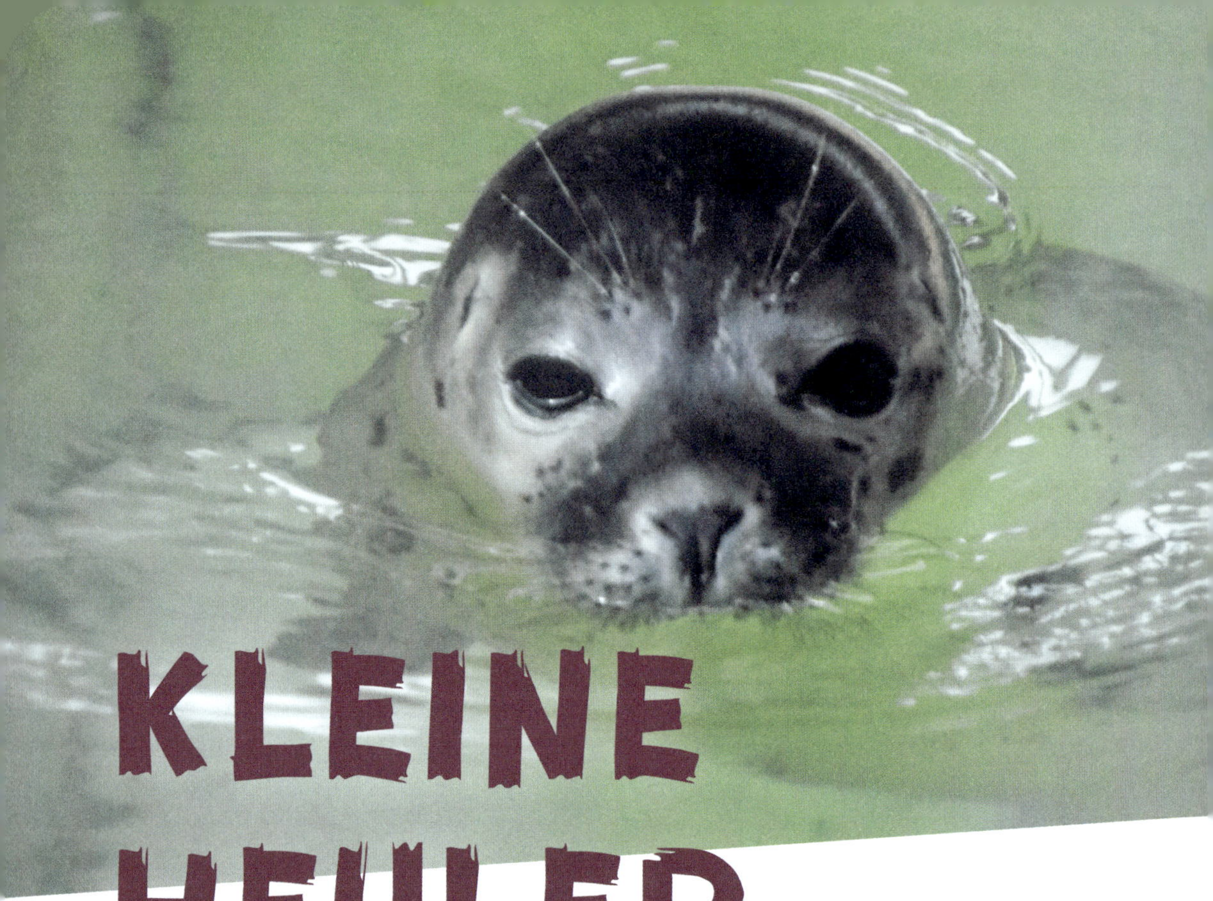

KLEINE HEULER

... an der Nordsee

#1

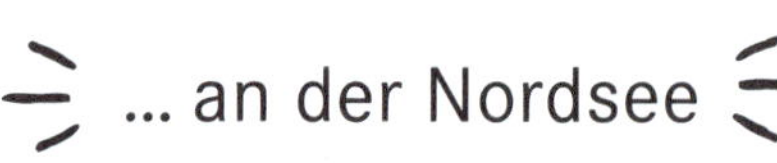

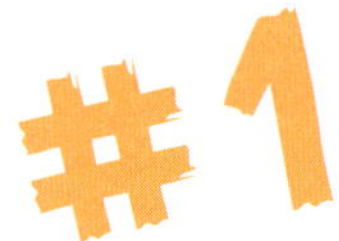

Ein Regen-Wochenende an der Nordsee: In der Seehundstation Nationalpark-Haus in Norddeich kommen die kleinen Robben nach rund drei Monaten groß wieder raus und zurück ins Wattenmeer. In Aurich wärmt die ostfriesische Teekultur von innen her.

#inderHeulerHerberge #SeehundundCo #ostfriesischeTeezeremonie #Aurich

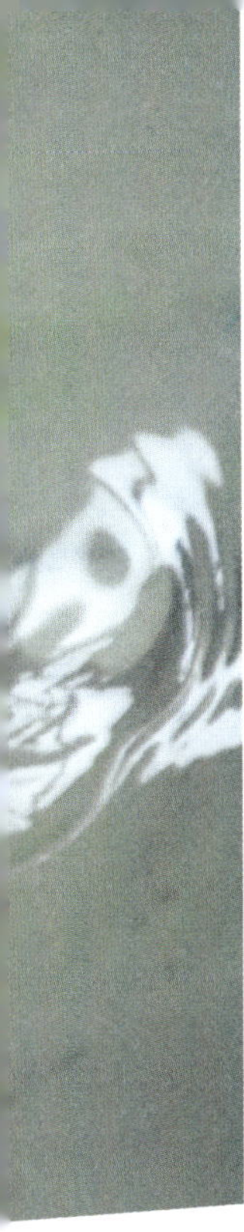

Hier kann man den Seehunden beim Spielen zusehen.

Der Regen trommelt auf das Dach des Wohnmobils – keine Überraschung an der Nordsee. Meist fegt der Wind die Wolken schnell wieder weg – ab und zu leider auch nicht. Das Ersatzprogramm für die geplante Wanderung auf dem 40 Kilometer langen Pilgerweg Schola Deï von Ihlow über das Große Meer nach Norden, ist nun ein Besuch in der Aufzuchtstation für Seehunde und Kegelrobben in Norddeich. Zwischen 80 und 150 Tiere werden hier pro Jahr aufgepäppelt und mit 25 Kilogramm Lebendgewicht wieder in die Natur entlassen. So wie der Seehund Jan, der erste hier aufgezogene Heuler, dessen Geschichte die Ausstellung erzählt. Die Station ist für das gesamte Niedersächsische Wattenmeer zuständig. Man kann nicht nur die süßen Robben mit dem glänzenden Fell und den kleinen Knopfaugen in den Becken beobachten, sondern darüber hinaus auch viel über ihren Lebensraum lernen. Bereits seit 1986 ist das Wattenmeer der niedersächsischen Nordseeküste als Nationalpark, seit 1993 als Biosphärenreservat und seit 2009 als Weltnaturerbe geschützt. Im größeren Außenpool tummeln sich die älteren und in den kleinen, separaten Becken, tollen die jüngeren Tiere durchs Wasser. Es macht Spaß, ihnen zuzuschauen.

Auch am folgenden Tag werden die Regenwolken nicht vom Wind weggepustet. Die Stadt Aurich liegt 15 Kilometer entfernt vom Campingplatz Großes Meer im Südbrookmerland, einem herrlichen Natur- und Wassersportparadies. Schon von Weitem sieht man die Stiftsmühle mit ihrem riesigen Windrad.

Sie ist die höchste historische Windmühle Deutschlands, die noch besichtigt werden kann. Rund 160 Jahre hat sie auf dem Buckel. Fast 30 Meter ist die Mühle hoch und der fünfstöckige Unterbau wurde aus über 200 000 Ziegelsteinen gemauert. Die Stiftsmühle ist eine von fünf ehemaligen Auricher Stadtmühlen und voll funktionsfähig. Gleich nebenan ist die Teestube-Kluntje (www.teestube-kluntje.de). Hier gibt man bei der ostfriesischen Teezeremonie die Konditoren-Sahne mit einem Löffel über den dampfenden Tee, in dem sich ein großes Stück Kandiszucker (Kluntje) befindet. Sämig und stark schmeckt der dunkle

---

On the Road: Mit dem Camper geht's rund 30 km vom Großen Meer nach Norddeich. Nach Aurich sind es vom Campingplatz aus gut 15 km.

Beste Zeit: Eigentlich immer. Mehr zur Seehundstation Nationalpark-Haus unter www.seehundstation-norddeich.de

Dauer: Ein Wochenende.

Ausrüstung: Ostfriesennerz.

Wenn es Nacht wird: Campingplatz Großes Meer mit Kanuverleih und vielem me(e)hr. Ab Mitte März bis Ende Oktober hat der Campingplatz geöffnet (www.grossesmeer.de). Außerhalb der Saison auf einen Wohnmobilstellplatz ausweichen.

Die Landschaft hinter Regenschleiern – eine Teezeremonie wärmt da von innen.

Tee der Ostfriesen, der perfekt zum Regenwetter passt.

Tipp: Eine ostfriesische Teezeremonie mitmachen. Rund zehn Gramm Ostfriesentee braucht man für einen Liter kochendes Wasser. Die Blätter mit etwas Wasser bedecken, fünf Minuten ziehen lassen und dann erst den Rest des Wassers nachgießen. Den Tee durch ein Sieb in die Tasse mit einem Kluntje (großes Stück Würfelkandis) füllen und mit dem Sahnelöffel einige Tropfen Sahne mittels Drehbewegung in den Tee träufeln.

FAZIT: WENN ES REGNET, WIRD MAN NASS – WER DAS NICHT MÖCHTE, PLANT UM.

Sie sinken langsam nach unten, um dann als Wölkchen (Wulkje) wieder an die Oberfläche zu steigen.

VON SIEL ZU SIEL

#2

Deichschleusen, sogenannte Siele, und Siel-Häfen gibt es in Ostfriesland fast wie Sand an der Nordsee. Mit dem Fahrrad fährt es sich bequem von Siel zu Siel und von Hafen zu Hafen. Danach geht es ins Watt und das ist »so Matsch Fun«.

#aufdemDeich #Hafen-Hopping #NationalparkWattenmeer #Wattwandern

Die Kitesurfer fliegen nur so übers Wasser.

Der Campingplatz Harlesiel liegt direkt an der Nordsee – mit Blick auf weiße Strandkörbe und die vorgelagerte Insel Spiekeroog. Mit dem Fahrrad geht es entlang des Deichs und der Harle, einem Siel mit verschließbarem Gewässerdurchlass zum Deich hin. Gut zweieinhalb Kilometer sind es nach Carolinensiel. Mitten im Ort befindet sich der historische Museumshafen mit seinen Plattbodenschiffen und Segelbooten. Früher lag der malerische Ort direkt am Meer. Um 1500 begann man mit der Landgewinnung durch Eindeichung. Hektar um Hektar wurde der Nordsee neues, fruchtbares Marschland abgerungen.

Über die Harle ist der ehemalige Hafen mit dem Jachthafen verbunden, wo Motorboote und Segeljachten bewundert werden können. Gleich hinter der Schöpfwerksschleuse findet man den Außenhafen, Ausgangspunkt der Fähren nach Wangerooge und für Ausflugsfahrten in das UNESCO-Weltnaturerbe Wattenmeer. Von hier fährt man ein Stück ins Landesinnere und an ein paar Windmühlen vorbei. Überall grasen Kühe auf den riesigen Weideflächen. Immer wieder begegnen einem auf dem Weg die Deich-Schafe, weiße Punkte im satten Grün. Die »Deichrasenmäher« halten das Grün kurz und sind eine Art »Trippelwalze«, die immer wieder die Oberschicht der Deiche festigt und damit schützt.

Dann kommt der Hafen von Neuharlingersiel in Sicht, der seit jeher das Herzstück des kleinen Fischerdorfes und gleichzeitig das Fenster zum Meer ist. Hier spielt sich das Leben ab, hier kann man verweilen, bummeln, lecker essen und sich von der idyllischen Atmosphä-

---

On the Road: Das Wohnmobil wird auf dem Campingplatz Harlesiel abgestellt, weiter geht's auf zwei Rädern.

Beste Zeit: Sommer.

Dauer & Strecke: 2 Tage; die Radtour ist 30 km lang und dauert je nach Wind 3 bis 4 Std. Ins Watt – in die erlaubten Zonen – kann man auch direkt vom Campingplatz aus und auf eigene Faust gehen.

Ausrüstung: Rad, Regenjacke, Gummistiefel.

Wenn es Nacht wird: Campingplatz Harlesiel (www.carolinensiel.de/ihr-urlaub/campingurlaub).

Camping mit Meerblick gibt es in Harlesiel. Von hier geht es aufs Rad oder direkt ins Watt.

re mitziehen lassen oder einfach den Fischern bei der Arbeit zusehen. Am Rand des Hafenbeckens stehen die Bronzefiguren zweier Fischer: Der ältere, abgeklärtere Fischer ist gezeichnet vom Leben. Der junge Fischer, Sohn oder Helfer, ruht sich sitzend auf der Mauer aus. Ein paar Meter vom Hafen entfernt gibt es den frischen Fang der Genossenschaft – zum Mitnehmen und Selberzubereiten oder auch gleich zum Essen vor Ort. Nach einem Bismarckhering mit Bratkartoffeln geht es am Wasser zurück zum Campingplatz.

Tipp: Zum Entdecken des Wattenmeers am besten eine geführte Wanderung mitmachen (www.wirsindwatt.de). In Neuharlingersiel gibt es auch nächtliche Touren zum Meeresleuchten (www.neuharlingersiel.de).

FAZIT: CAMPING MIT MEE(H)RBLICK.

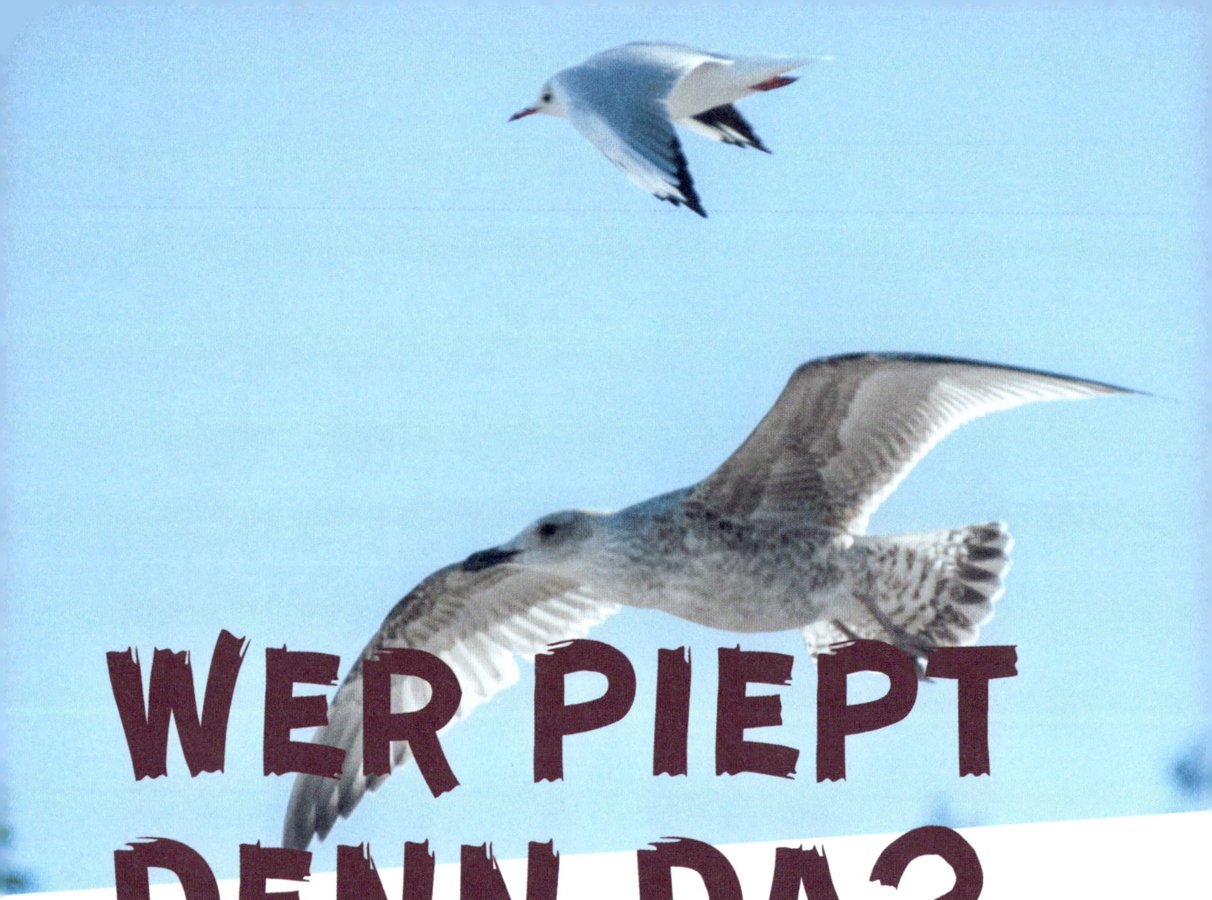

WER PIEPT DENN DA?

… am Langwarder Groden in der Wesermarsch

#3

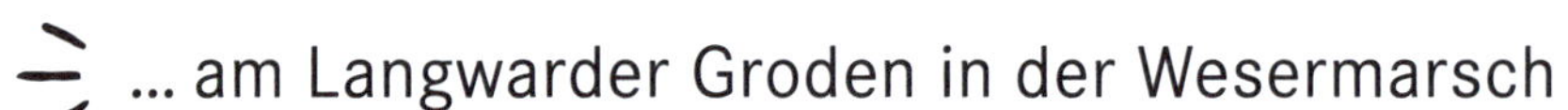

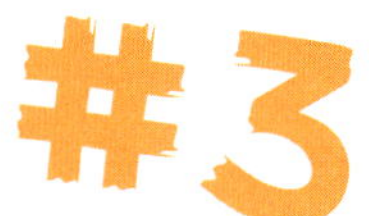

Zwischen Fedderwardersiel und Langwarden befindet sich der beste Platz zur Vogelbeobachtung der Nordsee-Halbinsel Butjadingen. Deutschlands erster Qualitätsweg durch Ebbe und Flut ist aber nicht nur etwas für »Vogelkieker«, sondern für alle Naturfreunde.

#zwischendenGezeiten #EbbeundFlut #Birdwatching

Im Langwarder Groden sind zahlreiche Vögel zu Hause.

Es dauert nur ein paar Flügelschläge lang, dann ist der Austernfischer auch schon wieder weg. Mit seinen rosa Beinen, roten Augen und rotem Schnabel fällt einem der »Halligstorch« leicht ins Auge. Auf dem Erlebnisweg Langwarder Groden begegnen einem aber mit etwas Glück immer wieder Brut- und Rastvögel und andere in freier Wildbahn lebende Tiere, wie beispielsweise Robben.

Der Langwarder Groden liegt inmitten des UNESCO-Weltnaturerbes Wattenmeer. Los geht die Entdeckungstour am Kutterhafen Fedderwardersiel. Stege und eine Brücke führen auf den Vordeich mit dem Blick aufs Watt. Die Infotafeln entlang des Weges geben Auskunft über die Natur, ihre Bewohner und die besondere Landschaft. Das Wattenmeer an der Nordseeküste hat eine Aufgabe, die über deren Grenze hinausreicht: Es ist das größte zusammenhängende Wattengebiet und für Watt- und Wasservögel aus der Arktis unverzichtbarer Lebensraum auf ihrem Zug. Rund 10 Millionen von ihnen rasten, mausern oder überwintern im Watt, eine der ganz wenigen Landschaften, die noch weitgehend ursprüng-

lich geblieben ist. Der Vogelzug im Herbst und Frühjahr ist besonders spektakulär, denn dann tummeln sich hier Millionen von Gänsen und Wattvögeln. Aber auch der Winter bietet sich für Vogelbeobachtungen an, wenn arktische Singvögel wie Schneeammern, Berghänflinge oder Ohrenlerchen durchs Fernglas beobachtet werden können.

Nach einem Viertel der Strecke führt der Weg vom Wasser weg und in Richtung Salzwiesen, die entstehen, weil jede Flut Schwebteilchen ins Watt schwemmt. Wenn zur Hochwasserzeit die Strömung für kurze Zeit ruht, sinkt feines Material ab und bildet nach und nach eine Schlickschicht.

Auf der Wanderung sieht man den Wechsel der Wasserstände und es ist möglich, die Dynamik der Gezeiten und die Fauna und Flora der Salzwiesen hautnah und sogar barrierefrei zu erleben. Die Stege schützen die sensiblen Biotope. Mit jedem Schritt schärft sich der Blick für die Entwicklung und Veränderungen der Wattlandschaft, der Priele und Salzwiesen. Schade, dass da schon das Ziel, der Kutterhafen, in Sicht kommt. Viel Spaß machen auch die Wattwanderungen. Weitere Infos dazu gibt's auf der Website von Butjadingen (www.butjadingen.de).

Noch ein paar Tage Urlaub übrig? Dann bietet sich ein weiterer Tag am Meer an: Der Südstrand in Wilhelmshaven ist nur rund 60 Kilometer entfernt und die Fahrt dorthin führt einmal um den Jadebusen, der 190 Quadratkilometer großen Meeresbucht zwischen Unterweser und Emsmündung.

Traditionelle Häfen, nautische Motive, eine lebendige Vogelwelt - willkommen auf der Nordsee-Halbinsel Butjadingen (links). Wer Zeit hat, macht noch einen Abstecher nach Wilhelmshaven zum Stadt- und Strandbummel (rechts).

On the Road: Den Camper in Fedderwardersiel abstellen und zu Fuß weitergehen. Nach Wilhelmshaven sind es rund 60 km Fahrtstrecke.

Beste Zeit: Im Herbst und Frühjahr sind die Zugvögel unterwegs.

Dauer & Strecke: Ein Ausflug für ein Wochenende. Die Erlebnis-Wanderung am Langwarder Groden dauert ca. 2 Std. bei 5,5 km Länge.

Ausrüstung: Fernglas, alte Turnschuhe oder Gummistiefel fürs Watt.

Wenn es Nacht wird: Auch vom Knaus Campingplatz in Fedderwardersiel gibt es freie Sicht auf die beeindruckende Kulisse des UNESCO-Weltnaturerbes Wattenmeer, www.knauscamp.de. Vom Deich umgeben, stehen die Wohnmobile auf dem Stellplatz Schleuseninsel Wilhelmshaven (www.wohnmobilstellplatz-wilhelmshaven.de).

FAZIT: EBBE UND FLUT – NICHTS BLEIBT, WIE ES IST.

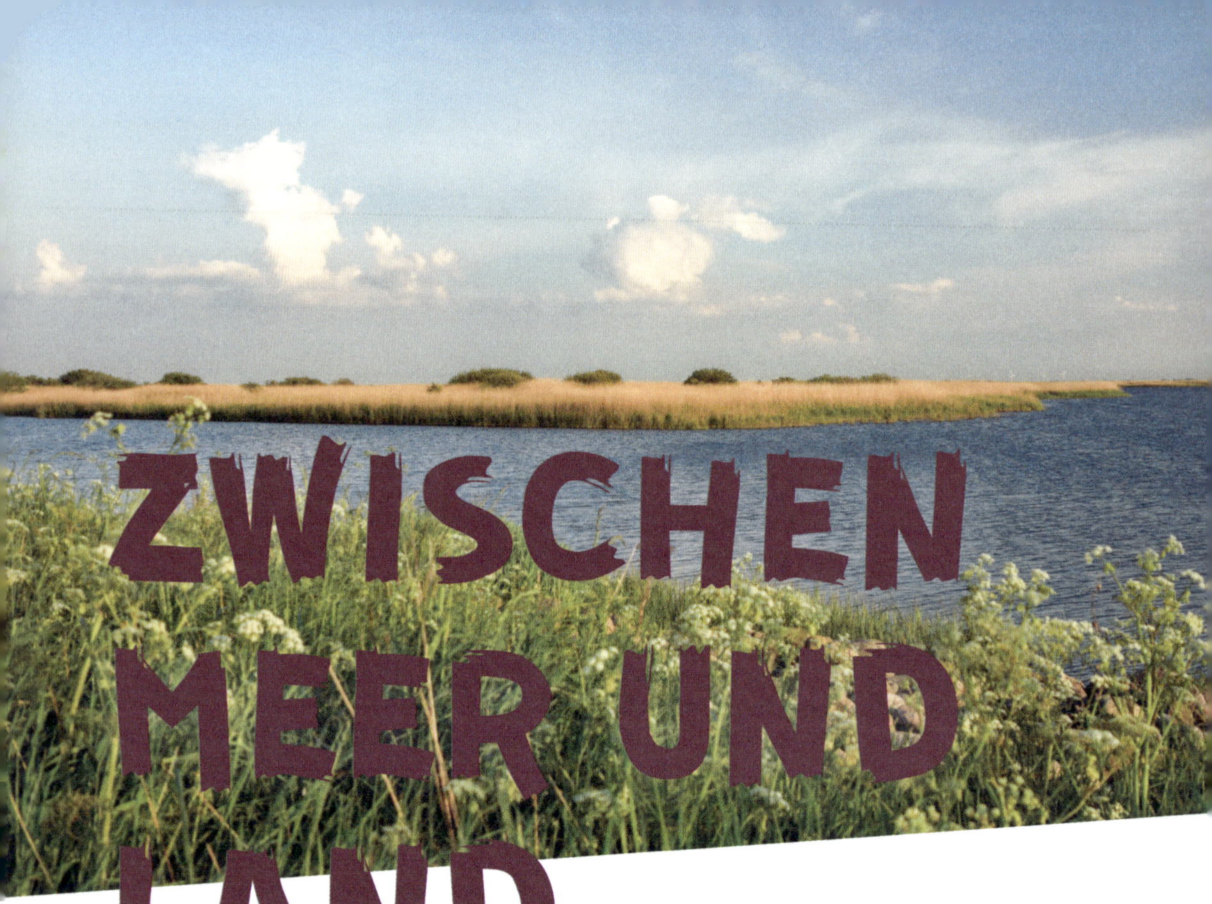

ZWISCHEN MEER UND LAND

... in der Tonderner Marsch

#4

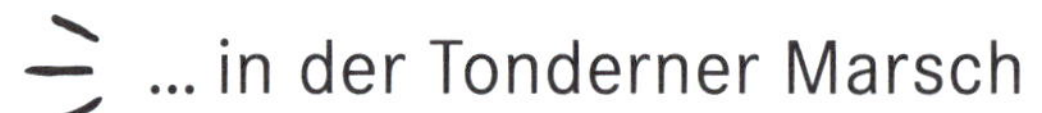

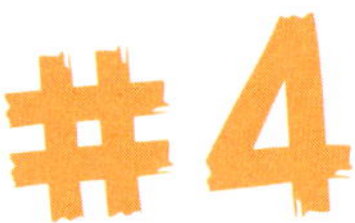

An der deutsch-dänischen Grenze liegt die Tonderner Marsch. Die einzigartige Landschaft ist vom Leben der Menschen mit dem Wasser geprägt. Das malerische Ruttebüll (Rudbøl), wo die Wanderung beginnt, ist nur einen Katzensprung vom deutschen Aventoft entfernt.

#Grenztour #Wasserlandschaften #Marschensteig #Wattenmeer

Die »Deichrasenmäher« sind hier überall unterwegs.

Die Gegend um Aventoft an der deutsch-dänischen Grenze ist ein Geheimtipp für Vogelliebhaber und für Ausflüge in die Marschlandschaft. Einst war die kleine Gemeinde in Nordfriesland von Wasser umgeben und erst nach der Entwässerung im 20. Jahrhundert kamen Landflächen zur Nutzung dazu. Gegenüber – auf dänischer Seite – liegt die Tonderner Marsch (Tøndermarsken) und im fünf Kilometer entfernten Ruttebüll gibt es einen kleinen Campingplatz, von dem gestartet wird. Hier ist immer etwas los – zumindest was Vögel angeht!

In Richtung Tonderner Marsch läuft man zunächst auf der Grenzstraße, bevor man dann rechts nach Dänemark und ins Schwemmland abbiegt. Schon nach kurzer Zeit ist das Flüsschen Vida erreicht, welchem man bis Norremolle (Nørremølle) folgt. Ein langgestreckter Bogen führt zur Nordsee. Immer wieder fliegen Vögel auf und aus dem Schilf zwitschert es unaufhörlich. Wer mehr über die gefiederten Bewohner wissen möchte, dem hilft die kostenlose App NABU-Vogelwelt. Es gibt Rohrweihen, Rohrdommeln, Bartmeisen und vereinzelt auch Trauerseeschwalben. Der Austernfischer ist mit seinen lauten »Quiéwiehps« allgegenwärtig.

Das letzte Stück Richtung Hoyer (Højer) Kanal, geht es oben auf dem Deich entlang, der von Schafen beweidet wird. Nach knapp 13 Kilometern taucht dann die gleichnamige Schleuse auf und noch einmal zwei Kilometer sind es anschließend zur Vida Schleuse. Auf dem Deich weht immer ein Wind. Von hier oben blickt man gen Landseite über die schier unendliche Tonderner Marsch. Weißwangengänse, die wegen ihrer weißen Gesichter auch Nonnengänse genannt werden, sammeln sich hier im Mai und ziehen in Schwärmen von bis zu 50 000 Tieren nach Russland. In Richtung Watt geschaut, sieht man regelmäßig den Autozug nach Sylt, wie er über den Hindenburgdamm rollt. Das Wattenmeer ist das weltweit größte zusammenhängende Gezeitensystem. Die Wattflächen, die zweimal am Tag trockengelegt werden, bieten Nahrung für Millionen von Vögeln.

Neben der Schleuse steht ein Baumstumpf mit Jahreszahlen aus Metall, eine sogenannte Sturmflutsäule. Bevor die Deiche gebaut

Einen Besuch sind auch die dänischen Städtchen wert, etwa Tondern (links). Die Jahreszahlen auf den Sturmflutsäulen zeigen die Wasserstände der Vergangenheit an (Mitte).

wurden, waren die Menschen den immer wiederkehrenden Sturmfluten ausgeliefert, verursacht durch Wind und den jeweiligen Gezeitenstand. Vom nahen Ort Hoyer sind es mit dem Bus nur zehn Minuten zurück nach Ruttebüll und zum Campingplatz. Wer Süßes mag, sollte vor der Rückfahrt aber noch bei FruensVilje vorbeischauen (www.fruensvilje.eu/Deutsch.html). In der netten Kerzen- und Schokoladen-Manufaktur gibt es immer wieder Kaffeetafeln – dänische Kuchenbüfetts aus der Zeit des Freiheitskampfes.

FAZIT: EIN ABSTECHER NACH DÄNEMARK KANN NICHT LANGE GENUG SEIN, DENN ES GIBT SO VIEL ZU SEHEN.

On the Road: Stopp für das Wohnmobil ist der Campingplatz Ruttebüll. Hier startet auch die Wanderung, zurück geht's mit dem Bus von Hoyer. Von Ruttebüll nach Hoyer, Tondern (Tønder) und Mögeltondern (Møgletønder) sind es jeweils rund 10 km Fahrt.

Beste Zeit: Der Marschensteig ist ganzjährig begehbar. Zur Vogelbeobachtung eignet sich die Zeit von Frühjahr bis Herbst.

Dauer & Strecke: 2 Tage; von Ruttebüll nach Hoyer wandert man 13 km und sollte sich dafür auch einen halben Tag Zeit lassen. Tag zwei ist reserviert für den Bummel im historischen Tondern und Mögeltondern.

Ausrüstung: Wetterfeste Kleidung, Wanderschuhe und Fernglas, Ausweis oder Pass.

Wenn es Nacht wird: In Ruttebüll gibt es einen kleinen Campingplatz (www.rudbol-camping.dk/da/home).

AN DER SCHÖNEN SCHLEI

... in Schleswig-Holstein

Kleine Fischerdörfchen, Leuchttürme, Zugvögel und viel Natur: Maritimes Flair herrscht entlang des 42 Kilometer langen Meeresarms der Ostsee – beim Wandern und Kanufahren. Ruhig und beschaulich ist es auf dem Campingplatz Wees in Missunde, der direkt an der Schlei liegt.

#längsteOstseeförde #vonderSchleimündebisSchleswig #MissundeFähre

Kanus gibt es auf dem Campingplatz zum Leihen.

Reetgedeckte Dächer, weiß verputzte Fassaden und ein Campingplatz – das ist Missunde. Nicht zu vergessen die Drahtseilfähre, die unermüdlich die engste Stelle der Schlei überbrückt und Autos, Wohnmobile, Radler und Fußgänger übersetzt. Nur während der Schleswig-Holsteinischen Erhebung (1848–1851) und des Deutsch-Dänischen Krieges (1864) war der Übergang durch Kampfhandlungen erschwert. Der Campingplatz ist wie das 500-Seelen-Dorf: klein, aber fein. Die Blicke auf das Wasser ringsherum lassen Hektik und Stress schnell vergessen. Im Liegestuhl hält man es hier gut eine Weile aus.

Doch die Natur lockt und die acht Kilometer lange Wanderung beginnt direkt am Campingplatz, am Ufer der Schlei. Es geht nach Westen, vorbei an kleinen, versteckten Badebuchten, in denen Treibhölzer den weißen Sand schmücken. Ein Ausblick folgt dem nächsten – bis man an eine kleine Steilküste gelangt. Wider Erwarten ist es hier im Norden doch nicht ganz flach. Die Schlei-Region zeichnet sich je-

Die Schleifähre Missunde verbindet seit über 50 Jahren die beiden Uferseiten.

denfalls durch ein erstaunlich facettenreiches Landschaftsbild aus und sie ist ein echtes Naturparadies. Wenig verwunderlich also, dass insgesamt 50 000 Hektar Naturpark sind: Eine Hügellandschaft, fast so groß wie der Bodensee, mit grünen Wäldern, die von Raps- und Getreidefeldern durchzogen ist. Der 42 Kilometer lange Ostseefjord erstreckt sich von der Wikingerstadt Schleswig bis nach Kappeln.

Fast ist es egal, wo man sich befindet, denn die Stille scheint allgegenwärtig zu sein. Niemand kommt einem auf dem schmalen Pfad entgegen. Einsam ist es auch im angrenzenden Wald mit den Kiefern und dem Geruch von Harz und Meer. Nachdem man die letzten Bäume hinter sich gelassen hat, eröffnet sich hinter einer Wegkehre der Blick auf die Große Breite, die breiteste Stelle des Meeresarms. Die Kleine Breite, ganz in der Nähe, misst ungefähr zwei Kilometer. Am schmalsten ist das Gewässer mit 135 Metern in Missunde. An der nächstgelegenen kleinen Surf- und Badestelle kann man schön rasten – auch wieder ganz alleine. Parallel zur Küste geht es durch den Wald zurück zum Campingplatz.

On the Road: Das Wohnmobil bleibt auf dem Campingplatz Wees, von dort geht's zu Fuß weiter.

Beste Zeit: Ende August und September zur »Schwarzen Sonne«.

Dauer & Strecke: 2 Tage; 1. Tag: 8 km lange Wanderung durch den Wald und entlang des Schlei-Ufers; Dauer rund 3 Std. 2. Tag: eine Kanutour auf dem Meeresarm. Die Kanus können auf dem Campingplatz Wees ausgeliehen werden.

Ausrüstung: Gutes Schuhwerk, ein Fernglas zur Vogelbeobachtung und Badesachen.

Wenn es Nacht wird: Campingplatz Wees am Ostseefjord Schlei (www.camping-schlei.de).

Statt Touristen fallen im September die Stare in Missunde ein. Riesige schwarze Schwärme fliegen in Formationen und verdecken die untergehende Sonne. Daher heißt das einzigartige Naturschauspiel auf Dänisch »Sort Sol«, Schwarze Sonne. Die Energie der vielen tausend Vögel, die über den Campingplatz hinwegschwirren, ist fast greifbar, die Luft ist wie aufgeladen. Die alten Bäume rund um den Platz erwachen zum Leben, wenn die Stare auf dem Weg in den Süden rasten. Es zwitschert aus allen Himmelsrichtungen, bis die Vögel so unerwartet auffliegen, wie sie gekommen sind. Nur ihre weißen Hinterlassenschaften beweisen, dass das Schauspiel kein Traum war.

Tipp: Gut essen und schön sitzen kann man im netten Fährhaus in Missunde (www.faehrhaus-missunde.de).

FAZIT: NATUR, WASSER, STRAND UND SCHWARZE VÖGEL, DIE FÜR EIN PAAR AUGENBLICKE DIE SONNE VERDUNKELN.

56
K
10
K
11
K

55 KILO-METER SAND

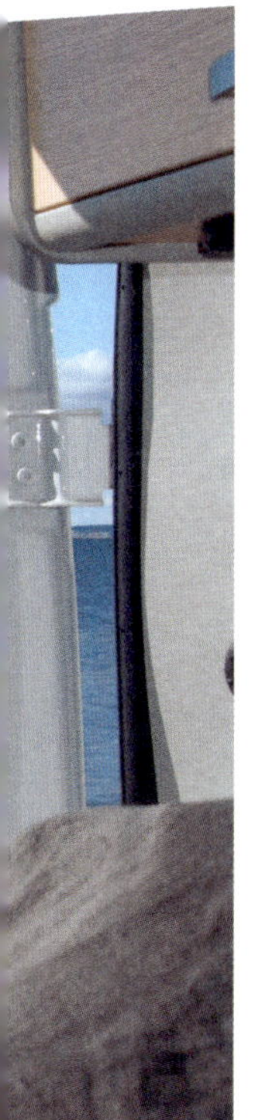

#6

Von mondän bis naturnah – in Deutschlands größter Ostseebucht gibt es fast alles. Zu Fuß geht es entlang der Uferpromenade von Neustadt und auf dem Fahrradsattel durchs Hinterland. Die Bucht hat auch eine bewegende Geschichte.

#mehrMeer #Strandspaziergang #derJungfernstiegvonNeustadt

Hier hat man Meer - von morgens (links oben) bis abends (links unten).

An der Uferpromenade zwischen dem Campingplatz Südstrand und dem Zentrum von Neustadt stößt man beim Spaziergang nach rund zwei Kilometern auf ein paar Tafeln, die die Geschichte zweier Schiffe erzählen, der Cap Arcona und der Thielbek. Wer hinschaut findet heraus, dass es weniger um den deutschen Luxusliner und das Handelsschiff geht als vielmehr um 7000 Tote. Bei einem Großangriff der britischen Royal Air Force in der Kieler und der Lübecker Bucht wurden beide Schiffe am Nachmittag des 3. Mai 1945 vor Neustadt bombardiert. An Bord befanden sich Häftlinge aus den kurz vor Kriegsende aufgelösten Konzentrationslagern - darunter auch viele Frauen und Kinder. Die meisten von ihnen starben beim Angriff in der wenige Grad warmen Ostsee, nur etwa 450 Menschen überlebten.

Die einzelnen Tafeln enthalten viele Informationen über das Unglück. Beim Lesen gelangt man bis zum Ehrenfriedhof, der zum Stadtteil Neustadt-Pelzerhaken gehört und am Stutthofweg liegt - so heißt der Abschnitt dieser Strandpromenade. Der Name des Wegs verweist auf ein weiteres Verbrechen, das am Morgen des 3. Mai 1945 an diesem Ort geschehen ist: Angehörige von SS, Wehrmacht, und Volkssturm ermordeten am Strand von Neustadt über 200 Häftlinge aus dem KZ Stutthof. Auch diese waren im Zuge der Auflösung der Konzentrationslager nach Neustadt gebracht worden, doch war die Cap Arkona zu diesem Zeitpunkt bereits überfüllt.

Nach so viel bedrückender Geschichte kommt das Café Kiebitzberg am Ufer gerade recht. Nach einem Kaffee hat man etwas Abstand zum Gelesenen und erreicht kurz darauf den Jungfernstieg von Neustadt, auch Kunst-Kilometer genannt. Hier säumen Objekte wie »Ready for Take Off«, eine gezackte Skulptur aus Marmor, die letzten Meter bis in die Innenstadt. Im Rundhafen liegen kleine und große Segelboote und Motorjachten. Über-

---

On the Road: Das Wohnmobil wird auf dem Campingplatz Südstrand abgestellt, denn der Meerblick ist zu schön, um weiterzufahren.

Beste Zeit: April bis Ende Oktober.

Dauer & Strecke: 2 Tage; vom Campingplatz bis nach Neustadt sind es gut 3 km, Dauer ca. 1 Std., und die Radtour ist 24 km lang, Dauer ca. 4 Std.

Ausrüstung: Lust auf Geschichte, Rad.

Wenn es Nacht wird: Camping Südstrand (www.camping-ostsee.de), Meerblick und Meeresrauschen inklusive.

Wie wär's mit etwas Entspannung in echter Strandbar-Atmosphäre?

rascht wird man vom fernöstlich anmutenden Pagodenspeicher am inneren Hafen. Im Ortskern ist auf dem großen Marktplatz neben der evangelischen Stadtkirche immer dienstags und freitags Markttag. Hier gibt es frischen und geräucherten Fisch.

Am nächsten Tag geht's dann aufs Rad. Vom Campingplatz aus fährt man in südlicher Richtung entlang der Küste, vorbei an Strandabschnitten mit und ohne Strandkörben, großen und kleinen Restaurants, bis zum Strandabschnitt von Bliesdorf. Durchs Hinterland führt die Strecke zurück zum Campingplatz, über Felder, Neustadt und den Hafen.

FAZIT: NATUR, WASSER, STADT-FEELING, DAS ALLES UND NOCH VIEL MEHR GIBT ES RUND UM NEUSTADT.

FÜR DICH WURDEN
KOMPLIMENTE
ERFUNDEN.
komplimentewerkstatt.de
HANSESTADT
LÜBECK
41
106

ERST STADT, DANN STRAND

#7 *Die alte Hansestadt mit ihrem wunderschön erhaltenen historischen Zentrum ist eingerahmt von den Flüssen Trave und Wakenitz und alleine schon wegen des Marzipans einen Stopp wert. Außerdem ist es von hier nicht weit an die Ostsee und an den Timmendorfer Strand.*

#LübeckerMarzipan #Hansestadt #TimmendorferStrand #Ostseeradweg

Lübeck hat viel zu bieten, Marzipan gehört dazu (links unten).

Bereits bei der Parkplatzsuche geht es am Holstentor vorbei, das die Altstadt nach Westen begrenzt und das Wahrzeichen von Lübeck ist. Früher zierte es den 50-Mark-Schein, heute noch einige 2-Euro-Münzen. Der Parkplatz Zentrum befindet sich direkt am Stadtgraben. Zu Fuß geht es von dort über die Trave in die Altstadt. Kein Weg führt am Lübecker Marzipanspeicher, www.marzipanland.eu, an der Untertrave vorbei. Das Bruchmarzipan ist mit dunkler Schokolade überzogen. Es zergeht auf der Zunge – lecker!

Backstein-Bauten, Türme und alte Kaufmannshäuser prägen Lübeck, das Tor zum Norden, das seit dem 12. Jahrhundert bis in die Neuzeit durch Freihandel zu großem Wohlstand gekommen ist. Den besten Blick von oben hat man von der St.-Petri-Kirche. Wieder auf dem Boden zurück, stößt man einmal mehr auf das Marzipan. Die Marzipan-Torte bei Niederegger, neben den Rathaus-Arkaden, ist ein Muss. Im zweiten Stock befindet sich der Marzipan-Salon, eine Art Marzipan-Museum (www.niederegger.de).

Ein violetter Torbogen an der Liebesbrücke über die Obertrave zieht die Aufmerksamkeit an. Das Komplimente-Tor hat für jeden ein paar nette Worte. Auch beim zweiten und dritten Durchgang ist ein »Du bist wie für mich gemacht« oder »Ohne dich fühle ich mich leer« zu hören. Das tut fast so gut wie ein Stückchen Marzipan, dieses Mal mit Nougat-Füllung.

Nach der Stadterkundung geht's mit dem Camper zum Nachtquartier, das etwas außerhalb Lübecks liegt. Nun heißt es Kräfte sammeln, denn am nächsten Tag steht eine Radtour zur Ostsee auf dem Plan. Der Timmendorfer Strand ist nur knapp 25 Kilometer von Lübeck entfernt. Die Radtour startet direkt am Campingplatz und geht entlang der Trave nach Bad Schwartau, bekannt durch die gleichnamige Konfitüre. Entlang von Wiesen und Feldern radelt man weiter und passiert den Hemmelsdorfer See. Von hier ist die Ostsee und der Timmendorfer Strand nicht mehr weit.

Tipp: Die Lübecker Altstadt ist eine Insel, umgeben von der Trave, und lässt sich auch vom Wasser aus wunderbar erkunden, am besten per Stand-up-Paddleboard (www.paddelpoint-luebeck.de). Zwei Stunden braucht man einmal außenrum.

FAZIT: MARZIPAN, KOMPLIMENTE UND OSTSEESTRAND – WAS GIBT ES BESSERES?

On the Road: Der Stadtrundgang startet am Parkplatz Zentrum in Lübeck. Dorthin geht's mit dem Wohnmobil, denn der Campingplatz liegt etwas außerhalb der Stadt. Wer an Tag 2 nicht mit dem Rad zur Ostsee fahren möchten, nimmt das Wohnmobil oder den Zug für die knapp 25 km.

Beste Zeit: Ganzjährig. Besonders reizvoll ist aber zweifellos der Sommer, in dem Strand und Meer locken.

Dauer & Strecke: 2 Tage; den Spaziergang durch die Altstadt kann man beliebig ausdehnen. Die Radtour ist 20 km lang. Bei mäßigem Tempo und ohne Pause erreicht man den Strand in einer guten Stunde.

Ausrüstung: Für den Stadt-Spaziergang gibt es eine kostenlose App: iTour Lübeck, www.itour.de. Man braucht ein Fahrrad für die Strandtour und sollte selbstverständlich Badesachen dabeihaben.

Wenn es Nacht wird: Der Wohnmobiltreff Lübeck (www.sportpark-huelshorst.com/stellplatz) liegt etwas außerhalb, An der Hülshorst 11.

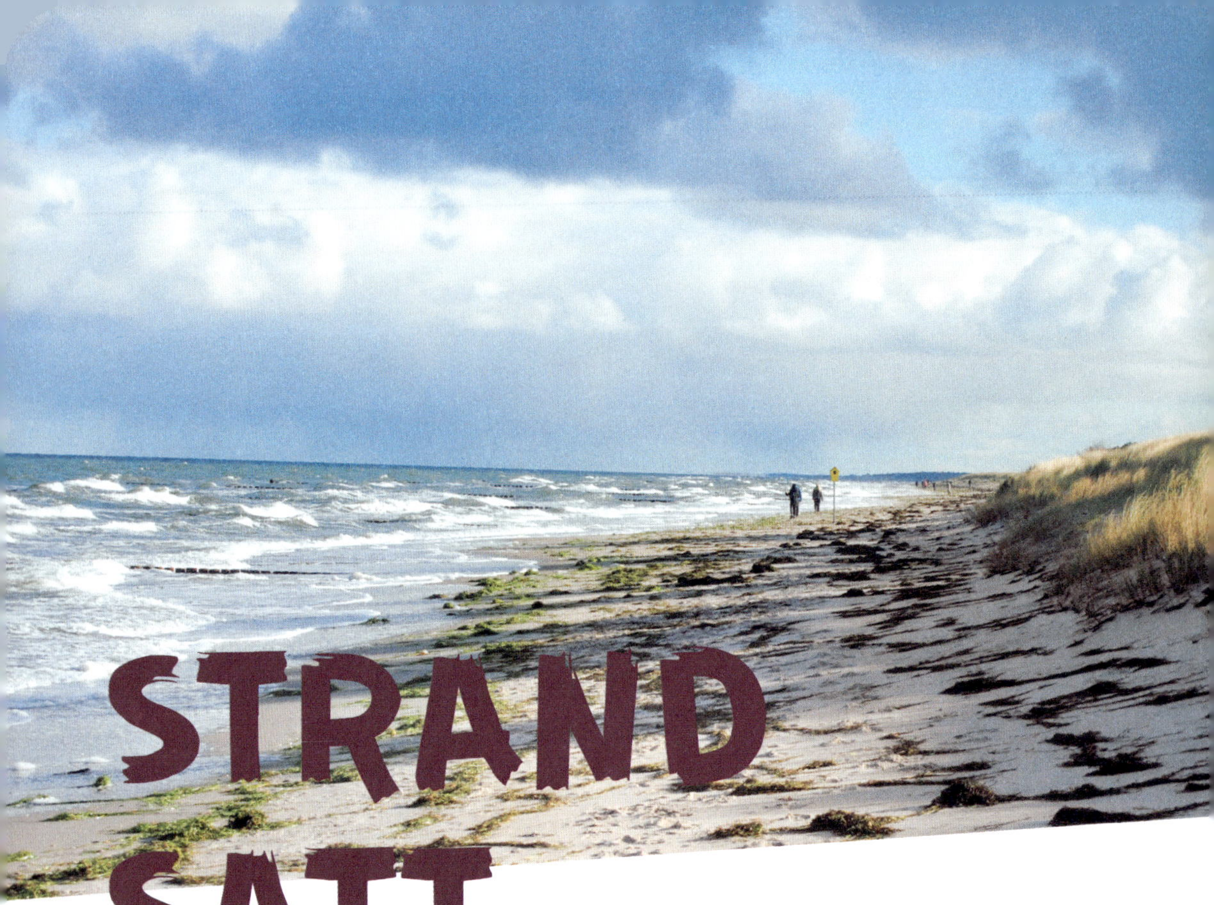

STRAND SATT

... auf Fischland-Darß-Zingst

#8

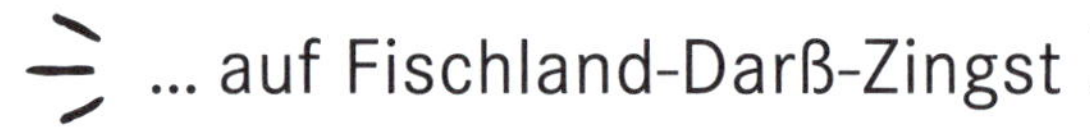

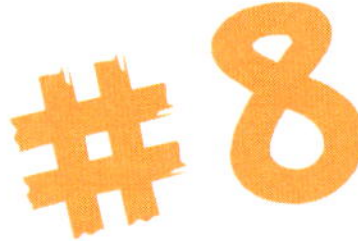

Die Halbinsel ist ein gern besuchtes Kleinod in der Ostsee und kein richtiger Geheimtipp mehr, aber an den endlosen weißen Stränden verlaufen sich die Urlauber fast wie von selbst – auf über 50 Kilometern feinem Sand.

#Inselglück #Nationalpark #Wellenrauschen #Sandgefühl #Strandgut

Die Möwen sind an der Ostsee nicht wegzudenken.

Auf der Seebrücke in Zingst ist im Sommer viel los. Den Wind im Gesicht kann man die Waffeln von Maiks legendärer Waffelbude genießen – nachdem der Camper im Reisemobilhafen gut untergebracht ist. In Richtung Osten werden die Strandkörbe und bunten Zeltmuscheln bald weniger. Der Strandabschnitt des Seebads ist über 15 Kilometer lang und voller Hühnergötter, die Steine mit dem Loch in der Mitte. Also, Augen auf beim Strandwandern.

Ab dem Abschnitt 22 dürfen auch Vierbeiner mit in den Wellen toben, davor sind Hunde am Strand verboten. Hinter dem Deich, auf dem der Fuß- und Radweg verläuft, beginnt der Osterwald: Lebensraum von Rehen, Rot- und Schwarzwild. Ein krummer Holzzaun versperrt das Weiterkommen am Wasser – der Strand ist ab hier nur noch Rückzugsgebiet für Vögel. Nach rechts und über den Deich geht es am Darßwald entlang zur Sundischen Wiese. Die Landzunge wurde militärisch genutzt, renaturiert und gehört seit 1990 zum Nationalpark Vorpommersche Boddenlandschaft. Mittendrin liegt das Hotel Schlösschen Sundische Wiese. Im Cafégarten und im Schatten der alten Bäume schmeckt der Rhabarberkuchen lecker und der Nachmittag vergeht wie im Flug.

Nun heißt es: entweder am Reisemobilhafen übernachten oder gleich weiter fahren in Richtung des nächsten sandigen Paradieses, dem

Darßer Weststrand. Auf dem Weg dorthin liegt der legendäre Campingplatz Regenbogen in Prerow, der schon zu DDR-Zeiten beliebt war. Das Campen in den Dünen ist nämlich einzigartig. Spätestens früh am nächsten Morgen sollte man sich zum Darßer Weststrand aufmachen, denn dann ist es dort noch ruhig. Der 15 Kilometer lange und wilde Strandabschnitt gehört laut Fernsehsender arte zu den schönsten Stränden der Welt. Hier gibt es keine Strandkörbe, Imbisse und Parkplätze, denn hierher kommt man nur zu Fuß, mit dem Fahrrad oder per Pferdegespann – und zwar durch den Wald.

Auf dem Rücken der Pferde durch den Goldenen Herbst im Osterwald (ganz links). Macht auch zu Fuß Spaß (rechts).

Je weiter weg von den Strandzugängen, desto einsamer wird es. Die naturbelassenen Dünen mit den ausgebleichten Ästen liefern ein Fotomotiv nach dem anderen. Der Darßer Weststrand ist freiwilliger FKK-Bereich und Hunde dürfen ganzjährig mitkommen. Nicht weit entfernt liegt der Darßer Ort mit dem alten Leuchtfeuer. 134 Stufen sind es zur Aussichtsplattform. An schönen Tagen reicht der Blick bis Warnemünde und Hiddensee. Im Turm und darum herum befindet sich das Natureum. In den 10 000 Litern Salzwasser des Meeresaquariums tummeln sich über 30 verschiedene Lebewesen aus der Ostsee. Die Pferdekutsche bringt müde Wanderer zurück nach Prerow.

Wer etwas mehr Zeit hat, fährt von Prerow mit dem Camper zur Steilküste von Ahrenshoop. In der ehemaligen Künstlerkolonie laden kleine Kunsthäuser und Galerien zum Bummeln ein und im Stadtteil Althagen liegen Zeesboote vor Anker, die früher mit ihren Zeesen, den kleinen Treibnetzen, auf Fischfang gingen.

Tipp: Unbedingt an einem der zahlreichen Fischstände den frischen Fang aus dem Meer probieren. Genussfertig vor Ort oder zum Mitnehmen fürs Abendessen (Rezept S. 232).

FAZIT: ENDLOSE WEIßE STRÄNDE GIBT ES NICHT NUR IN DER KARIBIK.

On the Road: Erster Stopp für den Camper ist der Reisemobilhafen in Zingst. Von dort sind es rund 10 km Fahrt zum Campingplatz in Prerow und weiter bis nach Ahrenshoop 15 km.

Beste Zeit: Das ganze Jahr über locken die Strände.

Dauer & Strecke: 3 Tage, besser länger. 20 km und 4 bis 5 Std. lang ist die Wanderung von Zingst zur Sundischen Wiese (www.hotelschloesschen.de) und zurück, die man auch als Radtour machen kann. Vom Campingplatz Regenbogen in Prerow bis zum Darßer Ort sind es 4,5 km, Gehzeit ca. 1,5 Std.

Ausrüstung: Im Sommer Badesachen, im Herbst und Winter warme, regenfeste Kleidung.

Wenn es Nacht wird: Der Reisemobilhafen am Campingplatz Am Freesenbruch in Zingst (www.camping-zingst.de/de/reisemobilhafen/reisemobilhafen) liegt im Grünen. Die Einrichtungen des benachbarten Campingplatzes einschließlich Wellness- und Fitnesscenter können mitbenutzt werden. Stellplätze in der Nähe des zweieinhalb Kilometer langen Strands gibt es in der Ferienanlage Regenbogen (www.regenbogen.ag/ferienanlagen/prerow.html) in Prerow. Für die Hauptsaison rechtzeitig reservieren.

Restaurant
MARIN

ENTLANG DES DEICHS

Dämme, Wasser, Parkanlagen: Vom Moorwerder Hauptdeich geht es mit dem Fahrrad bis nach Hamburg – durch grüne Deichlandschaften und an grasenden Schafen vorbei. An den Landungsbrücken wartet im wahrsten Sinne des Wortes großer Spaß beim »Pötte kieken«.

#Deichradtour #BunthausSpitze #SchiffahoiimHamburgerHafen #Elbkanal

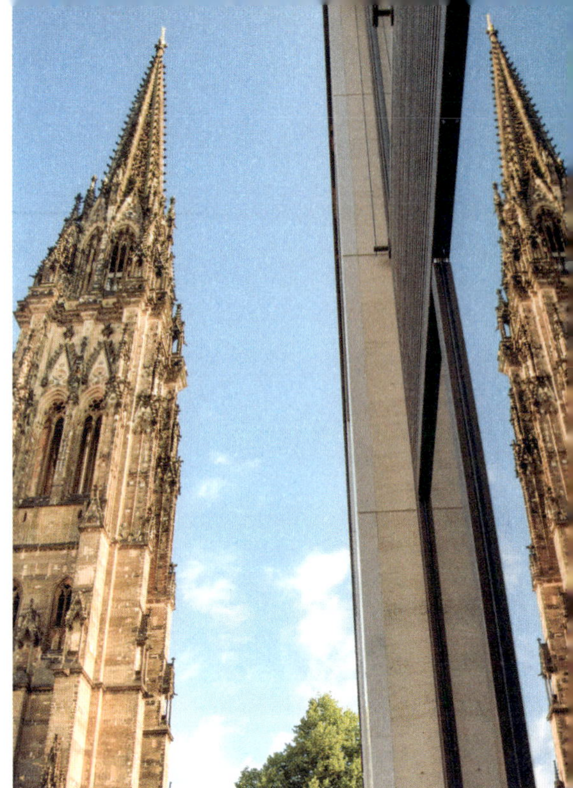

Imposant erhebt sich die Hamburger Elbphilharmonie (links). Das Mahnmal St. Nikolai erinnert an die Opfer von Gewaltherrschaft und Krieg (Mitte).

Direkt vom Wohnmobilhafen Elbepark Bunthaus, fast an der Bunthäuser Spitze, wo sich die Elbe in Norder- und Süderelbe trennt und ein Binnendelta bilden, geht es los. Allerdings werden vorher fürs Frühstück Pfannenbrötchen (Rezept auf S. 232) gemacht, nachdem die Brötchenbestellung am Vortag vergessen wurde. Frisch gestärkt geht es an den Schafen vorbei, die am Moorwerder Hauptdeich ihre Mäharbeiten erledigen. Zur Linken liegt das Naturschutzgebiet Heukenlock. Ja, an der Süderelbe befindet sich ein richtiges Kleinod: Heuckenlock ist nicht nur das artenreichste Naturschutzgebiet im Hamburger Raum, hier versteckt sich auch einer der letzten Tideauenwälder Europas. Ungefähr hundertmal im Jahr wird das Naturschutzgebiet auf einer Länge von drei Kilometern von Spring- oder Sturmfluten überspült.

Weiter geht es über den Moorwerder Westerdeich den Jenerseitedeich und unter der Autobahn A1 durch, bis zur Wilhelmsburger Windmühle Johanna. Über die Brachstraße und eine kleine Brücke gelangt man in den Wilhelmsburger Inselpark. Seit dem Ende der Internationalen Gartenschau 2013 ist das Gartenschau-Gelände als Parkanlage für alle geöffnet. Der Kuckucksteich bleibt links liegen, und wer eine Pause braucht, macht Rast im Biergarten der Willi Villa (www.zum-anleger.de/willi-villa).

Über die Mengestraße nähert man sich Hamburgs Mitte. Rechts rückt das Auswanderermuseum BallinStadt ins Blickfeld. Von dort gelangt man über den Baakenhafen, das Überseequartier, die Speicherstadt und die Niederbaumbrücke bis zu den Landungsbrü-

Zwar ist der Stellplatz Bunthaus nicht direkt in Hamburg, aber er bietet Blick aufs Wasser (unten).

cken. Schiffe gucken oder wie es auf Plattdeutsch heißt »Pötte kieken« kann man an zahlreichen Plätzen im Hafen. Es wird nicht langweilig, den großen und kleinen Booten bei der Aus- und Einfahrt aus dem Hafen hinterherzuschauen. Von der Spitze des Anlegers, bei der Mississippi Queen, hat man nicht nur einen guten Blick auf die Schiffe, sondern auch auf die Elbphilharmonie.

FAZIT: UNGEBÄNDIGTE NATUR, TIEFES WASSER UND EINE GROßE STADT.

On the Road: Das Wohnmobil bleibt im Elbepark Bunthaus stehen, von dort geht's auf zwei Rädern weiter. Wer auch am nächsten Tag in die Stadt möchte, aber nicht wieder aufs Rad: Der Bus Nr. 351 (Wilhelmsburg) hält ganz in der Nähe des Stellplatzes.

Beste Zeit: Ganzjährig.

Dauer & Strecke: 2 Tage in und um Hamburg. Die Radtour nach Hamburg dauert 1,5 Std. und ist gut 20 km lang.

Ausrüstung: Fahrrad.

Wenn es Nacht wird: Campen auf der Elbinsel, mitten im Grünen, geht im Wohnmobilhafen Elbepark Bunthaus (www.elbepark-bunthaus.de).

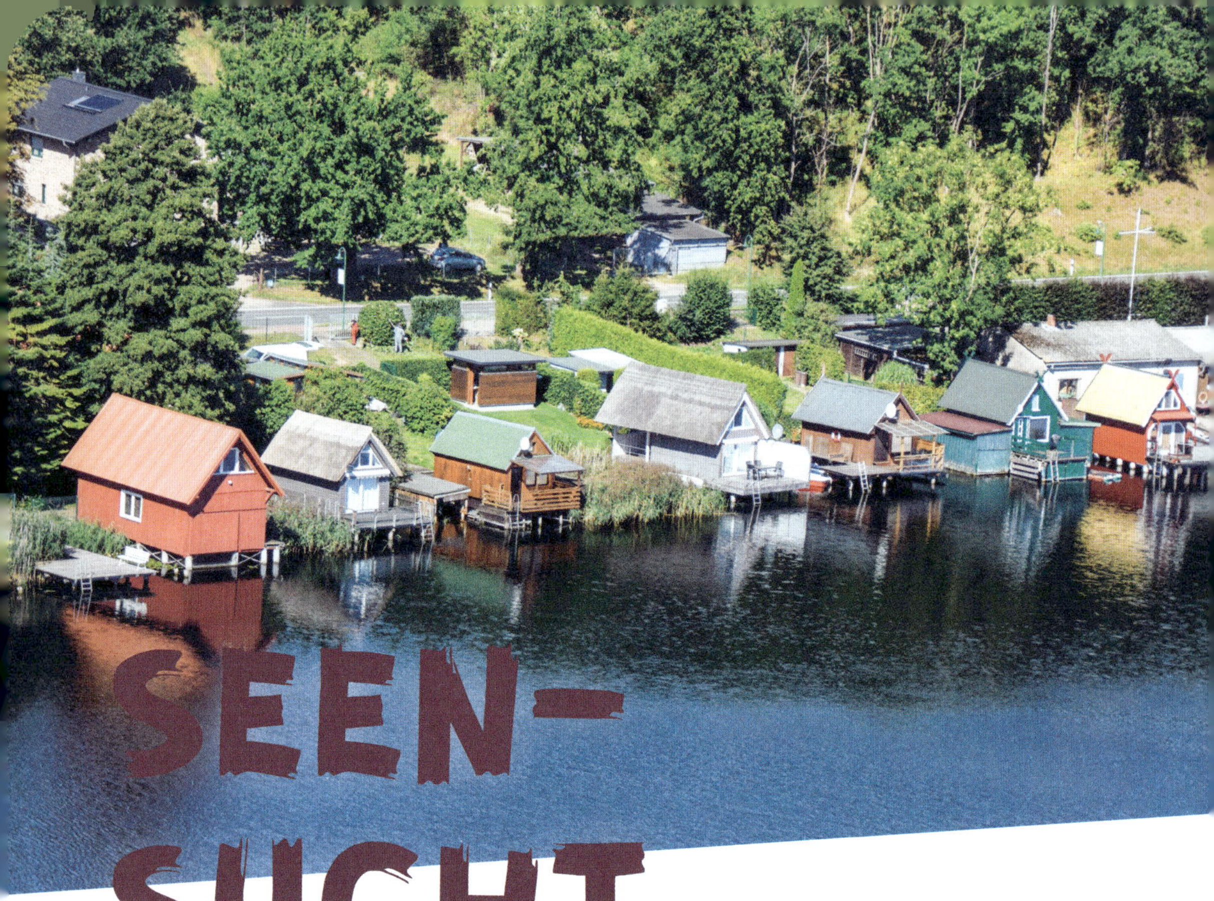

SEEN-SUCHT

... am Krakower See

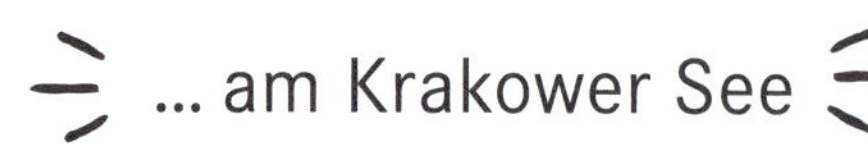

#10

Eingebettet zwischen Mecklenburgischer Seenplatte und Mecklenburgischer Schweiz ruht der Krakower See. Durch den See fließt die Nebel, die sich weiter durch eine fast unberührte Landschaft schlängelt. Natur pur – auf dem Campingplatz, beim Wandern und Radfahren.

#1000SeenLand #zwischenWasserundLand #unberührteNatur #imTalderNebel

Glasklares Wasser und einsame Landschaften am Krakower See.

Rund um den Krakower See, einem der größten der Mecklenburgischen Seenplatte, gibt es unzählige Möglichkeiten zum Wandern und Radfahren. Die Fahrt im Sattel beginnt gleich am Natur-Campingplatz, der weniger mit Luxus, als vielmehr mit seiner Lage am Wasser punktet. Das erste Stück der Radtour führt entlang der Güstrower Chaussee bis zum Städtchen Krakow. Am Bahnhof überquert man die Schienen und fährt direkt ins Grüne, Richtung Derliener See, der fast ganz umrundet wird. Die Strecke führt in den Wald hinein und zum nächsten See, dem Langsee. Es ist hier so einsam, dass man höchstens einmal auf ein paar Rehe trifft.

Auf Höhe des Schwarzen Sees wird umgedreht und parallel zu den Bahnschienen geht es zu-

rück nach Krakow. Malerisch sind die Ferienhäuschen am Borgwall. Im Ort Krakow gibt es an der Seepromenade im Hüdenhus (www.mueritzfischer.de > Fischerhoefe > Dat Huedenhus) frisch geräucherten Fisch. Zum Sprung ins Wasser lädt die Historische Badeanstalt ein (weitere Infos auf der Facebook-Seite Badeanstalt Krakow am See), die bereits um 1900 gegründet wurde.

Hier führt ein Weg bergauf zum Aussichtsturm auf dem Jörnberg. Der knapp 28 Meter hohe

Egal, aus welcher Richtung, der Aussichtsturm auf dem Jörnberg ist fast von überall zu sehen (links). Hier gibt es ein gutes Radwegenetz (rechts).

Aussichtsturm wurde erstmals 1897 als Holzturm errichtet, 1945 gesprengt und erst 1995 wiederaufgebaut und neu eröffnet. Knapp 130 Stufen führen auf die Aussichtsplattform, von der man einen herrlichen Rundblick über See und umliegende Landschaft genießt. Über die Güstrower Chaussee geht es anschließend das kurze Stück zurück zum Campingplatz. Wer keine Lust zum Kochen hat, probiert im Hotel Restaurant Nordischer Hof (nordischer-hof.business.site) in Krakow die osteuropäische Küche.

Am Tag zwei geht es ins Nebeltal. Zwischen Serrahn und Kuchelmiß liegt ein weiteres schönes Ausflugsziel für Naturfans. Vom Austritt der Nebel aus dem Krakower See bis Klueß ist der Fluss auf einer Länge von etwa 20 Kilometern als Naturschutzgebiet Nebel ausgewiesen. Fischotter und Eisvögel leben an den Ufern. Der Wanderweg beginnt und endet an einer Wassermühle bei Kuchelmiß. Einst stand hier ein Schloss, auf das heute nur noch eine Infotafel verweist. Wer mehr erfahren möchte, besucht das Museum, bevor es wieder in die Natur geht.

Tipp: Rund 40 km sind es von Krakow nach Federow zum Informationszentrum des Müritz-Nationalparks, wo man sich von Mitte August bis Ende Oktober zum abendlichen Einflug der Kraniche trifft, www.nationalpark-service.de > Shop > Tickets > Kranich-Ticket.

FAZIT: MEHR NATUR GEHT EIGENTLICH GAR NICHT MEHR.

On the Road: Der Krakower See ist zu schön, um weiterzufahren. Daher sucht man sich direkt einen Stellplatz auf dem angrenzenden Campingplatz. Zum Startpunkt der Wanderung am zweiten Tag in Kuchelmiß gelangt man mit dem Camper. Von Krakow nach Federow sind es 40 km.

Beste Zeit: Frühling bis Herbst.

Dauer & Strecke: Ein schöner 2-Tages-Ausflug. Die Radtour ist knapp 22 km lang und dauert 3 bis 4 Std., für die 7 km lange Wanderung ist man 2 Std. unterwegs.

Ausrüstung: Fahrrad.

Wenn es Nacht wird: Geparkt wird auf dem Campingplatz Krakower See (www.campingplatz-krakower-see.de), zahlreiche Stellplätze haben Seesicht.

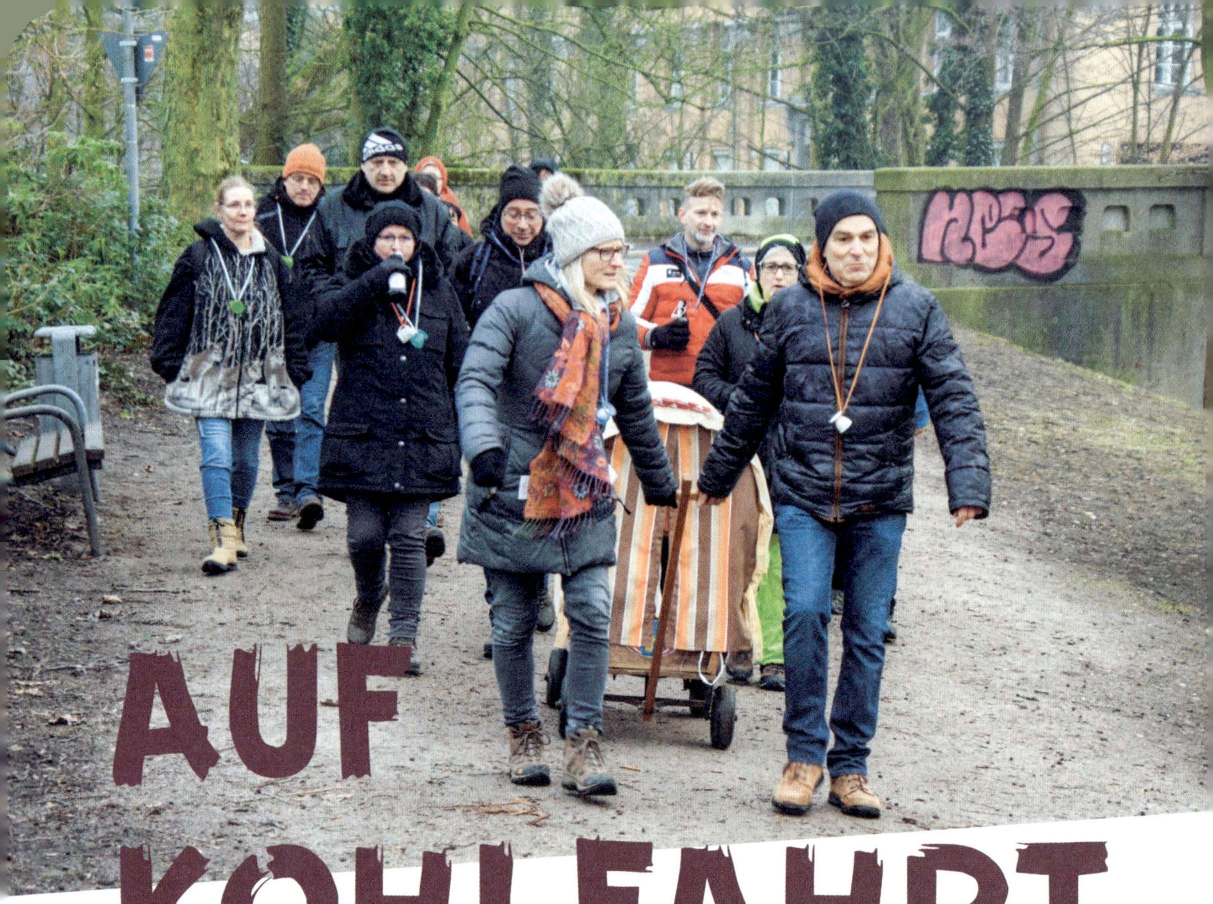

AUF KOHLFAHRT

... in Oldenburg

#11

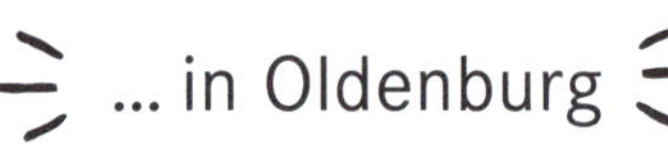

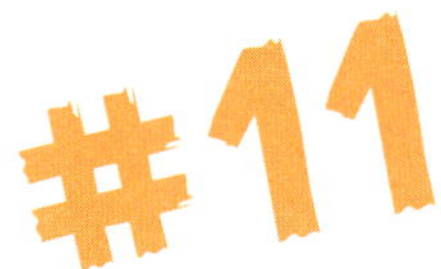

Zwei Teams, ein Bollerwagen und etwas zum »Aufwärmen« – das braucht man für eine gelungene Kohlfahrt. Das Ziel ist, mit viel Spaß in ein Restaurant mit Grünkohltradition zu wandern. Und auch Oldenburgs Innenstadt ist einen Bummel wert.

#mitBollerwagenzumGrünkohl #eineKohlfahrtdieistlustig #traditionsreich

Der Oldenburger Draufgänger ist ein Symbol für Aufbruchsstimmung und Zukunft.

Der Würfel ist gefallen: Während der Kohlfahrt wird der blaue Schaumstoff-Würfel immer wieder von den einzelnen Teammitgliedern geworfen. Wenn er auf der Eins liegen bleibt, heißt es für den Werfer Bollerwagen ziehen. Bei einer Sechs gibt es dagegen eine Belohnung: einen Schluck Korn. Der Schnaps kommt ins »Pinnchen«. Den kleinen gläsernen Schnapskrug tragen alle Kohlfahrer obligatorisch um den Hals, ein Team an blauen Bändern, das andere an roten.

Die Kohlfahrt beginnt am Oldenburger Schloss, von wo es dann mit viel Gelächter durch den Schlossgarten geht. Der Park wurde von Herzog Peter Friedrich Ludwig im Stil eines englischen Landschaftsgartens angelegt. Die weiten Rasenflächen und geschwungenen Wege sind im Winter verwaist. Von den Grünanlagen führt die Tour in die Stadt, das Wahrzeichen, den Lappan, sieht man nur aus der Ferne. Er ist der erste Kirchturm und das älteste Gebäude der Stadt. Seine wechselvolle Geschichte erzählt der Hörgang. Die Oldenburger Hörgänge (oldenburg.hoergaenge.net) sind frei verfügbar und lassen sich aufs Smartphone herunterladen als Programm für den folgenden Tag.

Aber zurück zur Kohlfahrt: Zwischen Januar und März gehören gutgelaunte Wandergrup-

pen genauso zum Stadtbild wie der Lappan. Grünkohl gibt es wohl überall auf der Welt. In Oldenburg ist das vitaminreiche Wintergemüse aber weit mehr als eine gesunde Mahlzeit. Und so richtig lustig ist der Genuss bei einer traditionellen Kohlfahrt, die mit einem gemeinsamen Essen endet – natürlich mit Grünkohl, Kartoffeln und Pinkel (einer geräucherten, grobkörnigen Grützwurst). Seit 1956 lädt die selbsternannte »Kohltourhauptstadt«

Zur Kohlfahrt gehört auch etwas zum Aufwärmen (links unten).

alljährlich auch die politische Prominenz aus Berlin zu dem deftigen Gericht ein.

Ganz ursprünglich »boßelt« man den Weg. Dabei werfen die beiden Mannschaften abwechselnd eine Kugel. Der Werfer schmeißt immer von der Stelle, an der die Kugel seines Vorgängers liegen geblieben ist. Wer die Strecke mit weniger Würfen schafft, gewinnt. Leichter geht es mit dem Stoffwürfel, der nicht so einfach im Gebüsch verschwindet. Wer keinen Bollerwagen besitzt, kann einen bei der Oldenburger-Info ausleihen, so wie auch das Boßel-Set. In die Tour werden weitere Spielchen eingebaut, mehr dazu auf dem Youtube-Kanal der Kohltourhauptstadt. Generell gilt: Erlaubt ist, was Spaß macht - ganz nach dem Motto der fröhlichen Unternehmung.

Nach einem späten Frühstück im Café Klinge (www.cafe-klinge.de), wo man unbedingt die Grünkohl-Pralinen probieren sollte, geht es am nächsten Morgen erst auf Hörgang in die Stadt und dann ins Grüne. Im Botanischen Garten erfährt man viel zur Grünkohlforschung und kann sich im Tropenhaus aufwärmen. Vor allem abends sorgen Kubanische Pfeiffrösche mit ihren Rufen für eine besondere Atmosphäre.

FAZIT: WER AUF KOHLFAHRT GEHT, SOLLTE GRÜNKOHL MÖGEN!

On the Road: Der Camper bleibt auf seinem Stellplatz am Küstenkanal. Von dort sind es zu Fuß knapp 20 Min. zum Schlossgarten.

Beste Zeit: In Oldenburg ist eigentlich immer etwas los und ein Besuch lohnt sich das ganze Jahr über. Kohlpartys bieten die Restaurants allerdings nur in den Wintermonaten an.

Dauer & Strecke: Ein Wochenende. Reservierungen einige Wochen im Voraus sind empfehlenswert. Rund 6 km ist die Kohlfahrt durch den Schlossgarten und die Innenstadt bis zum Restaurant Zum Drögen Hasen (www.zum-droegen-hasen.com) mit einer Gehzeit von 3 Std.

Ausrüstung: Bollerwagen, Trolley oder Ähnliches, einen Würfel oder ein Boßel-Set und warme, regenfeste Kleidung.

Wenn es Nacht wird: Gut 2 km vom Zentrum entfernt gibt es Stellplätze am Küstenkanal, Bezahlung auf Spendenbasis (www.oldenburg-tourismus.de > Übernachten > Camping & Wohnmobilstellplätze > Wohnmobilstellplatz am Küstenkanal).

BARRIERE-FREI UNTERWEGS

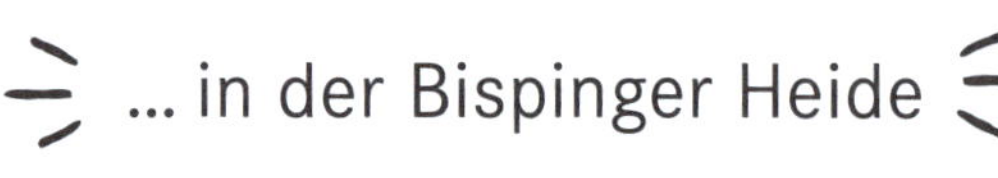

Das Naturschutzgebiet bei Bispingen-Niederhaverbeck lohnt sich immer, der Stopp in Oberhaverbeck auch. Hier beginnen gleich zwei Touren durch die Kulturlandschaft Heide – geeignet für Rollstuhlfahrer, Familien mit Kinderwägen und mobilitätseingeschränkte Besucher.

#barrierefreiesWandern #GenussimGrünen #mitderKutschedurchdieHeide

Kurz nach Oberhaverbeck taucht der Landgasthof Menke auf der linken Straßenseite auf. Blinker setzen und auf den Parkplatz abbiegen. Dort steht ein Schild: »Kutschfahrten frei«. Wenn die beiden Pferde durch die Landschaft zuckeln, heißt es dagegen »sind unterwegs«. Mit Pferdestärken lässt sich die Heide fast noch intensiver erleben als zu Fuß. Außerdem starten hier gleich zwei barrierefreie Wanderwege, auf denen auch Menschen mit Mobilitätseinschränkungen in die Heide eintauchen können.

Die längere Tour ist dreieinhalb Kilometer lang und führt durch das Tal der Haverbeeke. Der Weg wurde saniert und eingeebnet und geht direkt in die Flora und Fauna der Heidelandschaft. Heidekraut, Heidschnucken und Hermann Löns (ein Schriftsteller, der die Heide liebte): Drei »Hs«, die viele mit der Heide verbinden. Aber auch wenn die Natur nicht in rosa-violett getaucht ist und die Schäfchen weder am Boden grasen, noch, in Form von Wolken, am Himmel zu sehen sind, zieht einen die Umgebung in ihren Bann. Denn neben den

Auf den barrierefreien Wegen erfährt man die Schönheit der Heide.

verschiedenen Heidearten wachsen überall Moose, Orchideen, Heidel- und Preiselbeeren sowie Wacholder. Seltene Vögel wie Birkhähne und Adler sind ebenfalls hier zu Hause. Im Moor trifft man mit etwas Glück auf Kreuzottern, Sumpfschildkröten oder Moorfrösche.

Die Lüneburger Heide ist eine der größten zusammenhängenden Heideflächen Mitteleuropas und erstreckt sich über eine Fläche von 1130 Quadratkilometer. Immer wieder stehen Ruhebänke und Tische auf der Strecke, die an 15 Stationen vorbeiführt. Das Naturinformationshaus des Vereins Naturschutzpark e.V. (VNP) ist ein typisches Beispiel für ein niederdeutsches Hallenhaus, in dem Wohnung, Stall und Scheune unter einem Dach zusammengefasst sind. Die Hügelgräber auf der Strecke stammen aus der Bronzezeit.

Neben der Besenheide lernt der Spaziergänger auch die Stechpalme besser kennen.

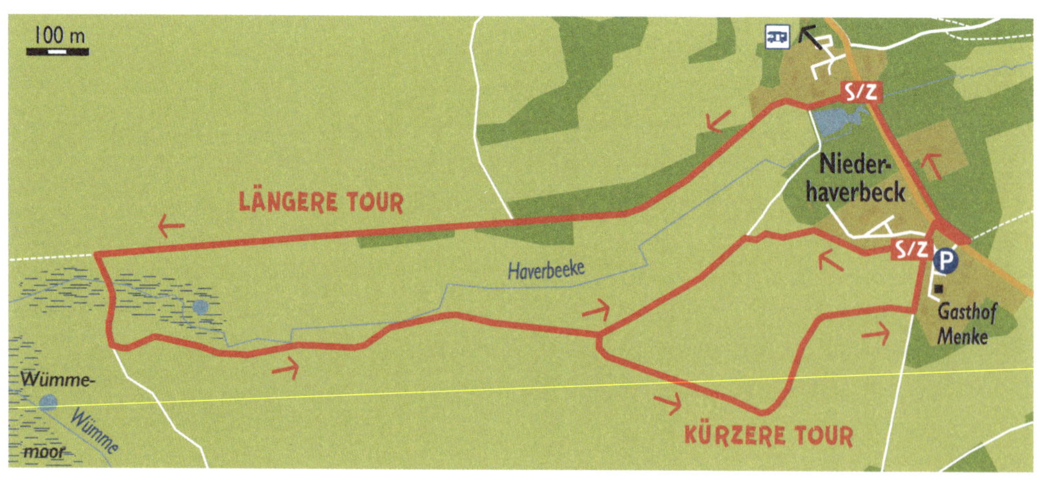

Luftige Birkenalleen waren einst die Wegmarkierungen in der Heide. Heute sind sie Lebensraum für Grünspecht und Wendehals. Am Wegesrand taucht ein für die Heide typischer reetgedeckter Schafstall auf und viel zu schnell taucht der Gasthof Menke (www.gasthof-menke.de) hinter der Biegung auf. Vom Kaffeegarten blickt man in die Heide hinaus. Die Äpfel vom Kuchen, der im traditionellen Backhaus gebacken wird, stammen aus dem eigenen Obstgarten. Dann geht es zurück auf die Straße, Blinker setzen und ab zum Heide-Himmel bei Hanstedt, der am folgenden Tag auf dem Programm steht. Der Baumwipfelpfad ermöglicht das barrierefreie Begehen der Brücken und Stege. Ein Personenaufzug fährt auf den Aussichtsturm (www.bispingen.de/poi/heide-himmel).

FAZIT: DIE HEIDE BESTEHT AUS VIEL MEHR ALS DEN DREI »HS«.

On the Road: Vom Campingplatz Opalsee sind es 14 km Fahrt zum Gasthof Menke und 24 km zum Heide-Himmel in Hanstedt.

Beste Zeit: Frühling, Sommer, Herbst und Winter.

Dauer & Strecke: 2 Tage; vom Parkplatz führen ein 1,5 und ein 3,5 km langer barrierefreier Weg durch die Heide, für die man 1 beziehungsweise 1,5 Std. einplanen sollte.

Ausrüstung: Scharfe Augen zum Entdecken von Pflanzen und Tieren.

Wenn es Nacht wird: Der Campingplatz Opalsee (www.campingplatz-opalsee.de) liegt im Grünen und ist ganzjährig geöffnet.

DSCHUNGEL GOLF
ABENTEUER IM SÜDSEE CAMP

AB IN DIE SÜDSEE

… in der Lüneburger Heide

#13 *Südsee-Feeling mitten in Deutschland? Das gibt es und zwar in der Lüneburger Heide im Südsee-Camp: Ein Badesee umgeben von weißem Sand, ein subtropisches Badeparadies und ganz viel Spaß für Groß und Klein.*

#SüdseeinDeutschland #Campingdeluxe #HeidschnuckenEintrieb

Heidschnucken-Eintrieb

Beim Wandern trifft man immer wieder auf die Wahrzeichen der Heide (oben links).

Über die Südsee-Allee geht es zum zugewiesenen Stellplatz, mit etwas Glück mit Blick auf See und Strand – das Highlight der Anlage. Wie viele Tonnen Sand wohl um den See herum aufgeschüttet wurden? Sonnenschirme mit Bastdächern säumen das Ufer. Ein Turm unterbricht die Liegenlandschaft. An die eine Uferseite schmiegt sich ein Kiefernwäldchen. Schief und krumm strecken die Bäume ihre Äste gen Himmel.

Vorbei geht es mit dem Camper am See und über Wege mit den sehnsuchtsvoll klingenden Namen wie Hawaii, Fidschi und Tahiti. Dann ist der Stellplatz erreicht, mitten im Grünen. Da der Platz ganzjährig geöffnet ist, gibt es auch ein Indoor-Badeparadies mit Wellen, Wildwasserkanal und Palmen. Ein Wochenende in der Südsee sorgt für Entschleunigung bei den Erwachsenen: Lesen im Sand, ein Glas Wein in einem der Restaurants. Währenddessen finden die Kinder in der »Kirche unterwegs« beim Trommeln ihren Rhythmus – oder auch nicht. Beim Dschungel-Golf kommt Spannung auf. Wer bewältigt die Herausforderungen mit den wenigsten Schlägen? Und in der Trampolinanlage springt man hoch hinaus. Der erste Tag reicht gerade so, um alles einmal anzuschauen.

Die Heidelandschaft vor den Toren des Camps wirft ihre Ableger der Besenheide zwischen die Wohnmobile, Wohnwägen, Zelte und Mobile Homes. Die Heideblüte ist im August und im September in vollem Gang. Nach einem zweiten Tag voller Südsee-Genuss geht es dann aber doch noch raus aus dem Camp zu einer Rundwanderung durch die Heidelandschaft.

Im Wacholderpark in Soltau kommen abends die Heidschnucken zurück in ihren Stall. Die Schafe, ein Wahrzeichen der Lüneburger Heide, sind vierbeinige Landschaftspfleger. Die

---

On the Road: Der Caravan macht Urlaub im Südsee-Camp, von dort geht's weiter zu Fuß. Rund 15 km sind es vom Campingplatz zum Wacholderpark bei Soltau und 7 km bis zum Diner.

Beste Zeit: August, September zur Heideblüte und zum Heidschnucken-Eintrieb.

Dauer & Strecke: 2 Tage Südsee. Die Wanderung durch die Heidelandschaft ist knapp 8 km lang und dauert 2 Std.

Ausrüstung: Badesachen, Sonnenhut und Sonnencreme.

Wenn es Nacht wird: Südsee-Camp (www.suedsee-camp.de).

Die kleinen Gäste lieben den riesengroßen »Sandkasten«, die großen begeistert die Heidelandschaft.

Tiere mit den gebogenen Hörnern und den grauen Zotteln halten die Heide kurz. So wird verhindert, dass sie zuwächst und die Heidepflanzen ersticken. Von August bis Mitte September kann man die Schafe beim Eintrieb beobachten. Die Herde wird von Schnucken-Schäfer Matthias Schüler betreut und besteht aus über 30 sogenannten Herdbuchtieren und ein paar Burenziegen. Das Zuschauen beim Eintrieb der Herde ist kostenlos.

Tipp: Ganz wie in den USA fühlt man sich im American Restaurant Miss Pepper in Soltau, wo es Klassiker wie Burger, Milk Shakes und leckere Steaks gibt (www.misspepper.de/locations/soltau).

FAZIT: MAL SCHNELL IN DIE SÜDSEE? KLAR, IST JA GAR NICHT SO WEIT!

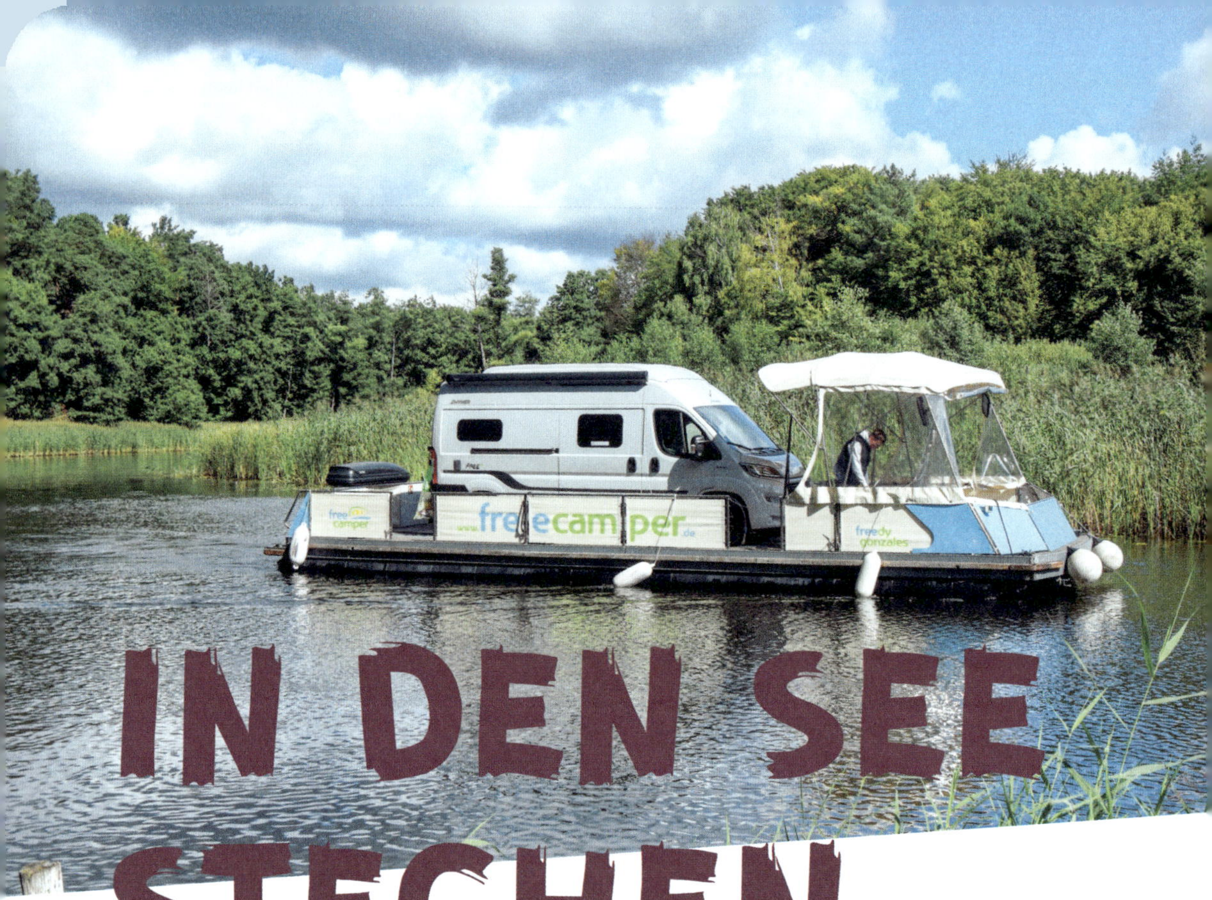

IN DEN SEE STECHEN

... in Brandenburg

#14

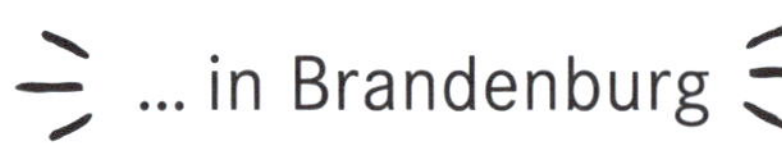

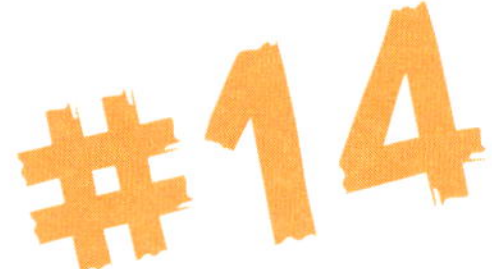

Mit dem Wohnmobil aufs Wasser. Hört sich fantastisch an, ist es auch – und zwar mit dem freecamper, einem schwimmenden Floß mit Motor und viel Platz fürs Campingmobil. Sich treiben lassen auf der Havel zwischen Hausbooten, Segeljachten und Motorkähnen.

#CampingaufdemWasser #HausbootFeeling #Flussfahrt #durchdieUckermark

Wohnmobil Ahoi - mit dem Freecamper auf der Havel.

Los geht das Abenteuer zu Wasser in Zehdenick, im Neuen Hafen am Ziegeleipark Mildenberg. Dort liegen zwischen vielen großen und kleinen Booten die schwimmenden Plattformen mit dem Führerstand zum Steuern. Es dauert ein bisschen, bis das Wohnmobil gut festgemacht auf dem freecamper steht. Wer keinen Sportbootführerschein Binnen hat, bekommt nach einer ausführlichen Einweisung eine Charterbescheinigung.

Die Vorräte sind aufgefüllt, der Frischwassertank des WoMos ist voll und mit dem Abwasserbehälter des freecampers verbunden. Dem Ablegen steht nichts mehr im Wege. Langsam geht es aus dem Hafen und auf die Havel. Dank Karte behält man die Orientierung. Richtung Stolpsee windet sich der Fluss durch die Landschaft, vorbei an raschelndem Schilf, aufgeschreckten Reihern und bunten Eisvögeln. Ab und zu muss man dem Gegenverkehr ausweichen, was schnell zur Routine wird.

Kaffee kochen und gleichzeitig fahren geht hier ausnahmsweise – ein ganz neues Gefühl, denn während der Fahrt ist abschnallen und aufstehen sonst tabu. Bei so viel Ruhe verflüchtigen sich die Gedanken wie von selbst. Auf dem Wasser scheint alles bedeutungslos und nur das Hier und Jetzt zählt. Es gibt nicht

viel zu tun, langweilig ist es aber nie. In Burgwall, am Gasthaus zur Fähre (www.gasthaus-zur-faehre-burgwall.de), wird das erste Mal angelegt. Dank Seitenstrahlruder und genug Matrosen kein Problem. Hier gibt es Strom, und wer im Gasthaus isst, spart sich die Liegeplatzgebühr. In der Nacht bewegt sich das Bett hin und her.

Am nächsten Tag gilt es vier automatische Schleusen zu überwinden. Dabei richtet man sich nach den Anweisungen auf den Informationstafeln. Wichtig ist, dass die Leinen immer genug Spiel haben, während das Gefälle durch ein- oder ausströmendes Wasser ausgeglichen wird. An der Schleuse Regow gibt es auf dem Capriolenhof Käse, Eis und Kuchen aus frischer Ziegenmilch (www.capriolenhof.de).

Im Stolpsee angekommen, ist es nicht mehr weit bis nach Fürstenberg. Die Wasserstadt liegt auf drei Inseln zwischen Röblinsee, Baalensee und Schwedtsee – umgeben von Wald und Wasser. Angeblich befinden sich hier die saubersten Badeseen Deutschlands. Also vor dem Festmachen im Hafen rein ins Wasser

---

On the Road: Mit dem Camper geht's im Neuen Hafen in Zehdenick aufs Wasser.

Beste Zeit: April bis November.

Dauer & Strecke: 3 Übernachtungen. Vom Neuen Hafen bis nach Fürstenberg und zurück sind es – mit dem Abstecher in den Großen Kuhwallsee – 47 km.

Ausrüstung: Einen freecamper, Infos unter www.freecamper.de

Wenn es Nacht wird: Ab ins Wohnmobil.

Vögel wie der Reiher begleiten das schwimmende WoMo. Anlegen und Schleusen will gelernt sein.

und eine Runde schwimmen. Frischwasser, Abwasserentsorgung und Strom gibt es im Hafen und so ist alles bereit für einen Grillabend auf dem Boot.

Weil es so schön ist, einfach so in aller Ruhe durch die Landschaft zu schippern, wird auf dem Rückweg nach Zehdenick ein Abstecher in den Großen Kuhwallsee gemacht. Aber Achtung: Sackgasse. Momentan geht es von hier nicht weiter, denn die Schleuse zum Lankensee wird renoviert. Wem dann auch noch das Essen ausgeht, der kann im Tinkerhof Kannenburg (www.tinkerhof-kannenburg.de > Gaststätte) einkehren. Allzu schnell kommt am nächsten Tag der Neue Hafen in Sicht und der Camper hat wieder festen Boden unter den Rädern.

FAZIT: HAUSBOOT MAL ANDERS!

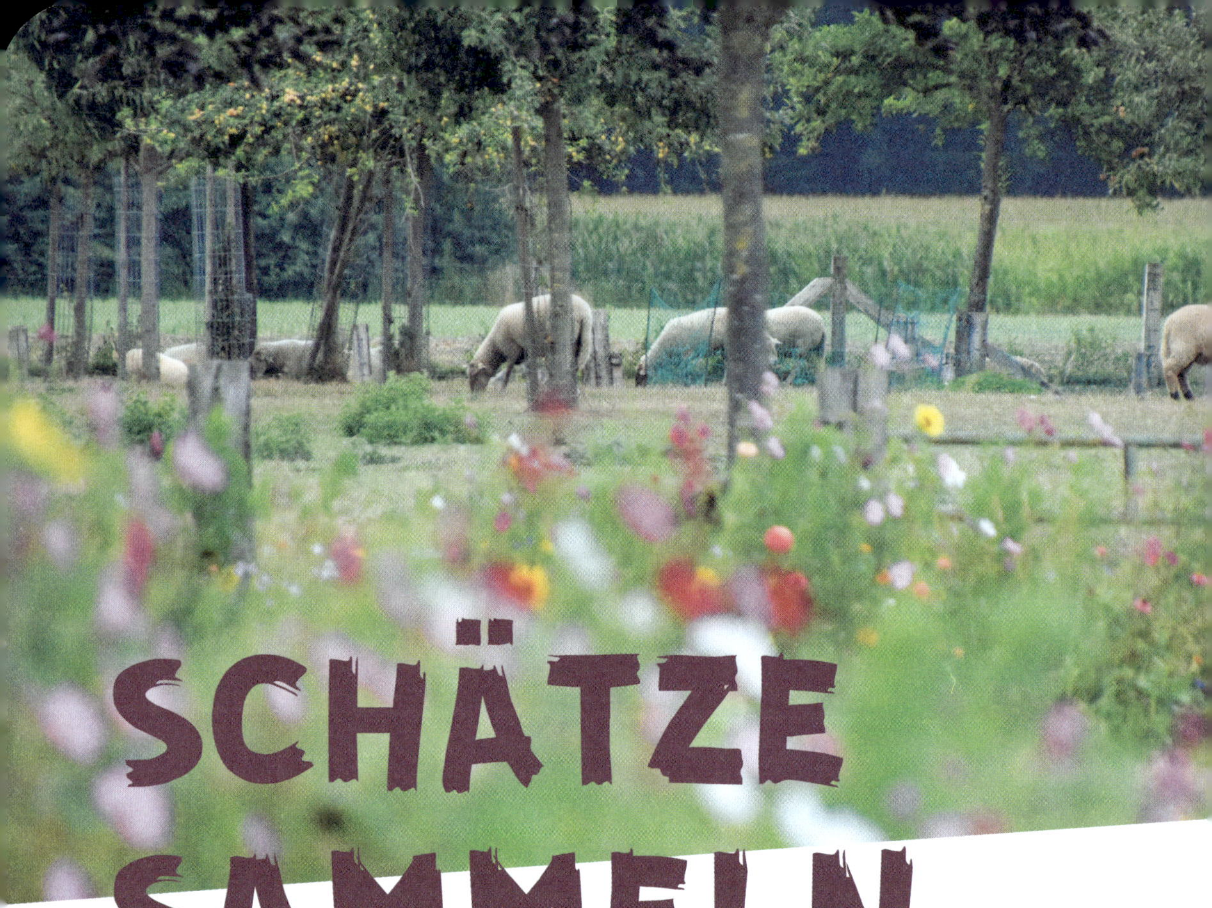

SCHÄTZE SAMMELN

... im Münsterland

#15

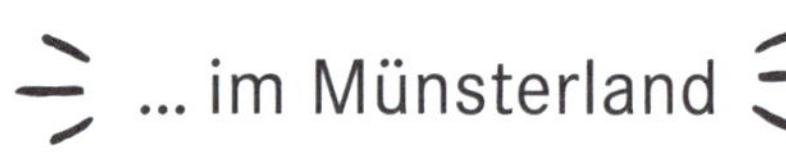

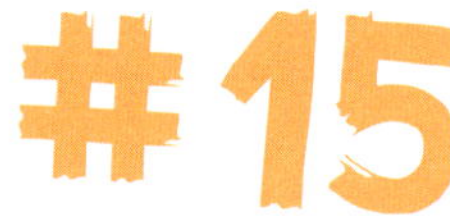

Die 100-Schlösser-Route ist zwar 960 Kilometer lang, aber auch Teilstrecken lassen einen in die Geschichte des Münsterlandes eintauchen. In der Stadt Münster bewegt man sich dagegen im Hier und Jetzt und zwar auf den Spuren des Tatort-Duos Thiel und Boerne.

#100Schlösser #mitdemRadunterwegs #TatortMünster #AltstadtmitFlair

Der Kiepenkerl in Münster mit Tragekorb, Pfeife, Knotenstock und Leinenkittel.

Der Drostenhof ist ein denkmalgeschützter Burgmannshof in Wolbeck, einem Stadtteil von Münster. Etwas düster wirkt er mit seinem dunklen Gestein. Das Herrenhaus mit den blau bemalten Fensterläden gilt als erstes herrschaftliches Anwesen des Münsterlandes im Renaissancestil und ist eines der schönsten, die erhalten geblieben sind. Das von 1545 bis 1557 erbaute Torhaus vereinigt Elemente der Spätgotik und der Frührenaissance. Zum Anwesen gehört noch ein Herrenhaus und ein Wirtschaftsgebäude. Der Camper bleibt auf dem Parkplatz, während es von hier aus mit den Rädern losgeht und zwar durch den angrenzenden kleinen Park, dann durch den Ort und hinaus ins Grüne.

Über den Bach Angel gelangt man ins Naturschutzgebiet Tiergarten. Buchen und Eichen säumen den Weg. Amphibien, Fledermäuse und höhlenbrütende Vögel, wie der Mittelspecht und der Wespenbussard, mögen die naturbelassene Umgebung. Eine ganze Feuersalamander-Population lebt ebenfalls hier. Über Felder und weite Freiflächen geht es weiter bis nach Alverskirchen, wo sich der Kirchturm der St.-Agatha-Kirche erhebt. Bauernhöfe prägen die Landschaft bis zum

Herrenhaus Brückhausen. Auf einem Teil des Weseradwegs geht es zurück nach Wolbeck.

Wer einige der Drehorte des Tatorts Münster erleben möchte, startet am nächsten Tag in der Stadt Münster am Prinzipalmarkt. Alte Kaufmannshäuser mit ihren charakteristischen Giebeln und Bögen und das historische Rathaus stehen hier. Dass der Prinzipalmarkt zu den schönsten Plätzen Deutschlands

In Münster gibt es viele schöne »Tatorte«, etwa die Kirche Sankt Lamberti (Mitte) und den Spiekerhof (rechts unten).

gehört, finden nicht nur die Münsteraner. 2006 landete er in der ZDF-Sendung »Unsere Besten – Die Lieblingsorte der Deutschen« auf dem vierten Platz! Weiter geht es zu Sankt Lamberti, einer katholischen Kirche von 1375 am nördlichen Rand des Marktplatzes. Am nahegelegenen Domplatz findet sich das Floyd Coffee (www.floyd-coffee.de). Den Kaffee gibt es mit »grüner Milch« aus dem Münsterland.

Beim Stadtspaziergang stößt man immer wieder auf öffentliche Installationen, wie die Skulptur am Servatiiplatz – einem dreieinhalb Meter großen, grauen Mann, in einer Litfaßsäule steckend: Paul Wulf, ein von den Nazis verfolgter Münsteraner. Das Kunstwerk sollte aus Geldnot verschwinden. Axel Prahl, der hiesige Tatort Kommissar Thiel, soll die Figur durch Spenden gerettet haben.

On the Road: 15 km Fahrt sind es von Wolbeck nach Münster und an den Aasee zum Übernachten.

Beste Zeit: Ganzjährig; im Winter mit Spaziergang statt Radtour.

Dauer & Strecke: Ein Wochenende; die Radtour um Wolbeck ist gut 26 km lang und dauert 4 Std., Stadtspaziergang nach Lust und Laune.

Ausrüstung: Fahrrad.

Wenn es Nacht wird: Geht es über die App park4night.com auf den letzten der gekennzeichneten Parkplätze am Aasee.

FAZIT: KÖNIGLICHE MOMENTE UND SPANNENDE DREHORTE WECHSELN SICH AB.

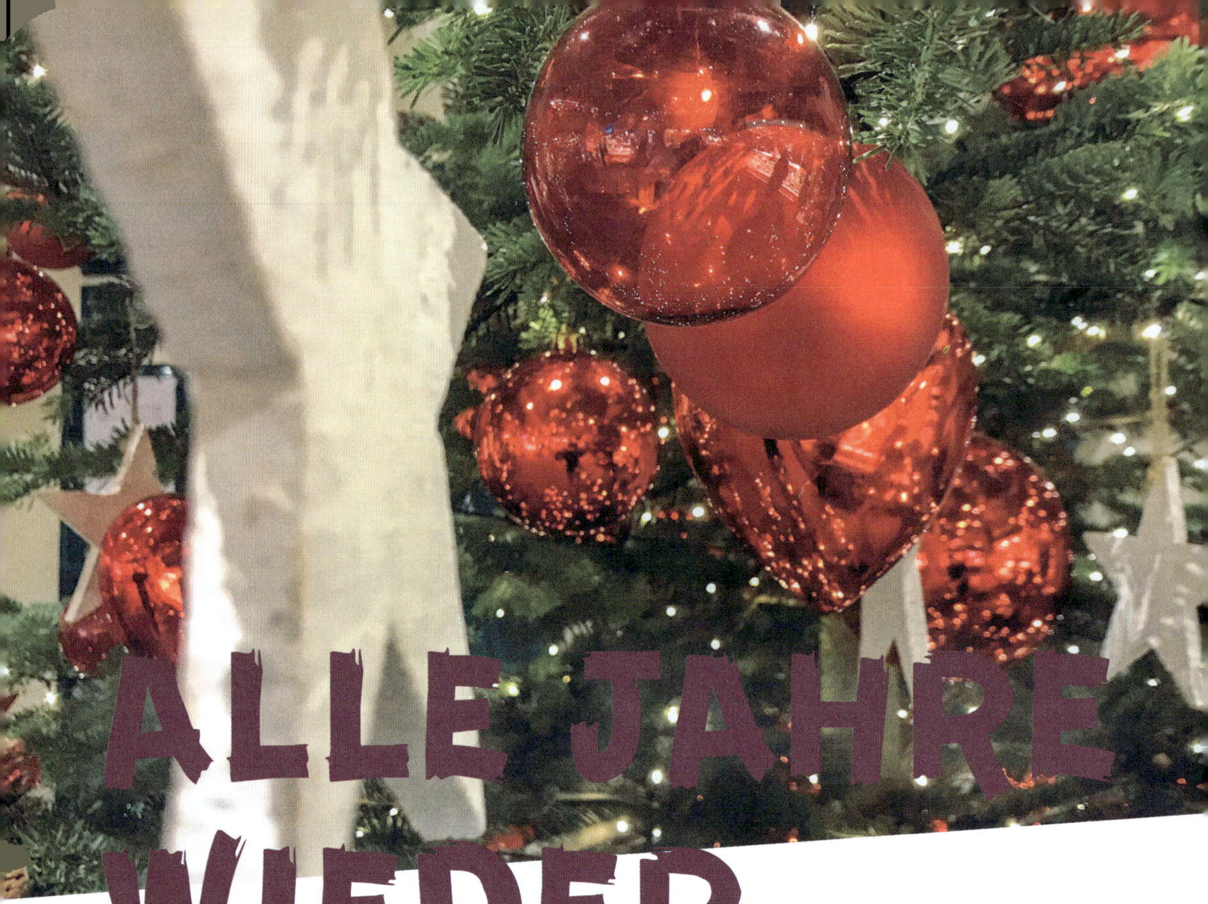

ALLE JAHRE WIEDER

… in Goslar

#16

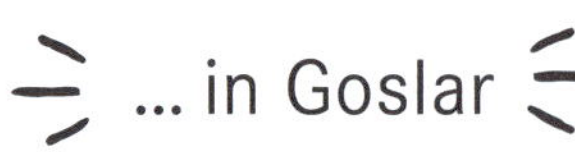

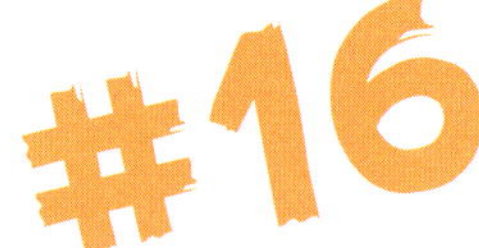

Der Winter, vor allem der Dezember, ist eine ganz besondere Zeit in der Kaiserstadt. Die Fassaden in den verwinkelten Gassen sieht man dann vor lauter Christbäumen kaum. Überall duftet es nach Zimt, Bratapfel, gebrannten Mandeln: Weihnachten liegt in der Luft.

#Altstadtbummel #WeihnachtenunterTage #UNESCOWeltkulturerbe

Die rund 50 Nadelbäume auf dem Schuhhof verleihen der mittelalterlichen Kulisse einen besonderen Glanz, wie im Märchen. Deswegen sollte man auch am besten erst bei Dämmerung durch den Weihnachtswald spazieren, um die romantische, vorweihnachtliche Atmosphäre zu genießen.

Punsch, Grog und Glühwein helfen beim Warmhalten von innen und die Feuerschalen sorgen für warme Hände. Wer sich loseisen kann, bummelt weiter in Richtung Marktplatz und zum Weihnachtsmarkt. Ist man auf Geschenksuche, wird man vielleicht bei einem der Kunsthandwerkerstände fündig. Es gibt mundgeblasene Glaskugeln, schicke Filzpantoffeln, handgefertigten Schmuck. Es lohnt sich aber auch, einfach durch die Gänge zu bummeln und die dekorierten Holzhütten zu bewundern.

Im Weihnachtsmonat funkelt und leuchtet es in Goslar, das 2022 auf 1100 Jahre Geschichte zurückblicken kann. Die stolze Kaiser- und

Tausend Jahre Bergbau am Rammelsberg – da gibt es viel zu entdecken.

Bergwerkstadt hat unzählige Geschichten zu bieten. Geschichten »unter Tage« erzählt beispielsweise das Glockenspiel viermal täglich. Wenn sich die drei Türchen öffnen, sind alle Blicke auf den Zwerchgiebel des Kämmereigebäudes an der Ostseite des Marktplatzes gerichtet. Handys werden gezückt und in Position gebracht. Beim Figurenumlauf wird die Geschichte des Rammelsberger Bergbaus von der sagenhaften Entdeckung durch den Ritter Ramm bis zur Neuzeit dargestellt. Danach verstummen die Glocken und die Türen schließen sich wieder.

Weiter geht es in Richtung Brunnengarten. Den Weg dorthin weisen illuminierte Bäume und ein Lichttunnel. An den Feuertonnen kann man sich wieder wärmen, und warm wird einem auch beim Besteigen der Himmelsleiter. 200 Stufen führen auf den Turm der Marktkirche (www.marktkirche-goslar.de). Von hier genießt man den Zauber der Weihnachtsstadt mit Abstand und von oben.

Einen tollen Ausblick hat man auch am nächsten Tag beim Essen auf dem Rammelsberg, und zwar vom Maltermeisterturm, der wohl 1548 erstmals erwähnt wurde (www.maltermeister-turm.de). Im ehemaligen Erzbergwerk Rammelsberg, das wie die Altstadt zum UNESCO-Weltkulturerbe gehört, erstrahlen an einem Wochenende im Dezember weihnachtliche Lichter – und zwar unter der Erde. In dem Besucherbergwerk wird nämlich der rund 200 Jahre alte Roeder-Stollen mit Hunderten von Kerzen festlich beleuchtet. Er kann aber das ganze Jahr über (gegen Gebühr) besichtigt werden (www.rammelsberg.de).

FAZIT: EIN WOCHENENDE VOLLER VORFREUDE AUF WEIHNACHTEN.

On the Road: Der Camper parkt in Goslar, weiter geht's zu Fuß.

Beste Zeit: In der Weihnachtszeit. Ein Besuch in Goslar lohnt sich aber auch im Rest des Jahres.

Dauer & Strecke: 2 Tage; nach Lust und Laune verläuft der Bummel durch die weihnachtlich geschmückte Innenstadt.

Ausrüstung: Mütze und Handschuhe.

Wenn es Nacht wird: Parken auf dem Parkplatz Reiseckenweg, 38640 Goslar.

2. KAPITEL IM HERZEN

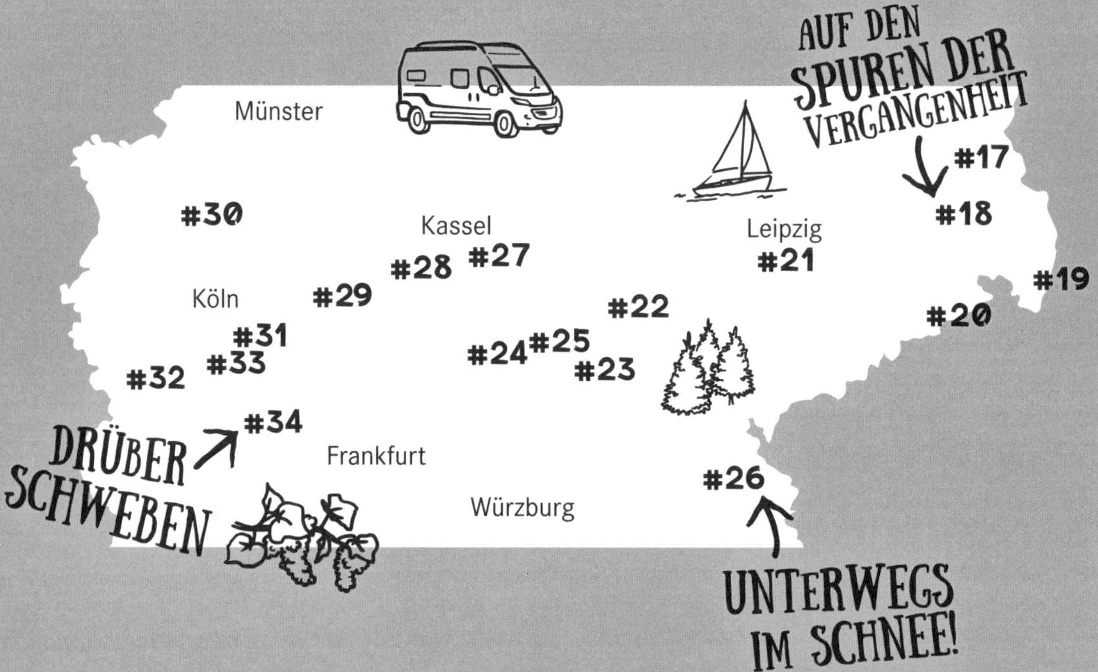

Wildes Land & hippe Städte

Auf Zeitreise durch alte Industrieanlagen gehen, den Spuren der Wisente folgen, abtauchen im kühlen Nass und über Stock und Stein spazieren – der nächste Kurztrip kommt bestimmt!

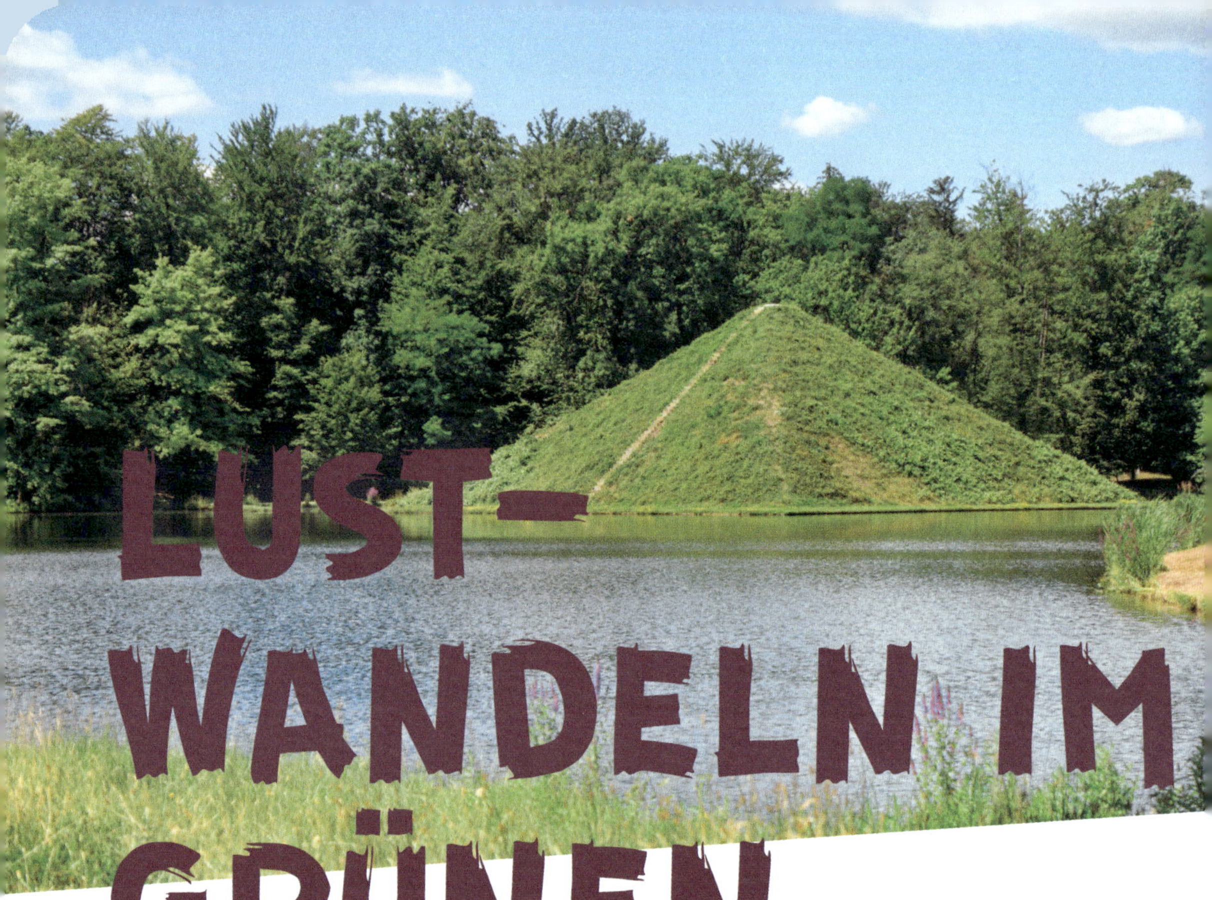

LUST-WANDELN IM GRÜNEN

... im Spreewald

#17

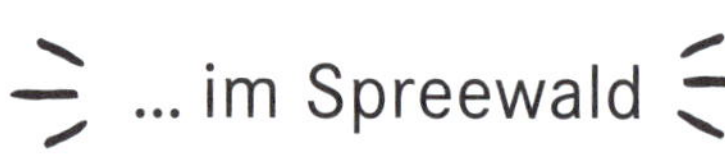

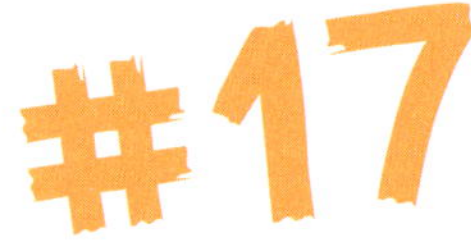

Abenteurer und Landschaftsdesigner Hermann Fürst von Pückler-Muskau schuf mit seinem Park ein Meisterwerk – und ein Gartendenkmal von internationaler Bedeutung. Vor allem die Pyramiden locken viele Besucher hierher. Ursprünglicher erlebt man den Spreewald mit dem Rad.

#Gartenkunst #ausLiebezurAnanas #FürstPücklerEis #SpreewaldmitRad

Mit dem Kanu durch den Spreewald: Entschleunigung pur!

Das erste blumige Highlight überrascht schon vor dem Park – mit dem WoMo geht es entlang eines riesigen gelben Feldes, auf dem die Sonnenblumen ihre Köpfe dem Licht entgegenrecken. Immer wieder halten Autos an, um die Farbenpracht mit dem Handy festzuhalten. Im wenige Meter entfernten Besucherzentrum trifft man dann auf Preußens bekannten Dandy. Fürst Pückler war aber nicht nur Abenteurer, sondern auch einer der bedeutendsten Landschaftsgestalter des 19. Jahrhunderts.

Durch das hölzerne Tor geht es in den Park, vorbei am Marstall und dem Kavalierhaus, bis zum Schloss, das von 1770 bis 1772 erbaut wurde. Das schmucke Anwesen beherbergt das Fürst-Pückler-Museum mit historischen Wohnräumen und einer Ausstellung zum Leben und Werk des Fürsten (kostenpflichtiger Eintritt). Den Markierungen »zu den Pyramiden« folgend, lassen sich die bunten Blumenbeete, Plastiken und Ziergehölze ganz einfach erkunden. Im sogenannten Pleasureground

(Blumenpark) laden immer wieder Plätze zum Rasten, Picknicken und Genießen ein. In diesem Teil pflanzte der Weltenbummler auch fremdländische Gehölze, ganz im Gegensatz zum übrigen Park, in dem sonst nur Einheimisches gedeiht.

Geschwungene Wege führen zur Schilfseepartie. Hier befinden sich die Landpyramide (1860–1863) und der Tumulus (Seepyramide von 1856–1857), in dem der Graf 1871 beerdigt wurde. Für die Gestaltung des Parks und das künstliche Gewässersystem nutzte Fürst

Blumiges Picknick oder Rast im Café Goldene Ananas (links)? Eine Tour auf dem Wasser ist im Spreewald schon fast ein Muss (rechts oben).

Pückler den anstehenden hohen Grundwasserstand und die in der Nähe gelegene Spree. Mit dem Aushub aus den Seen und Kanälen ließ er das heutige Geländerelief des Parks anlegen. Pückler war auch ein Liebhaber der Ananas. In den Gewächshäusern der Schlossgärtnerei züchtete er die exotische Frucht, die seinerzeit selten und kostbar war. Im Café Goldene Ananas im Park gibt es über die Sommermonate hausgemachtes Fürst-Pückler-Eis: Vanille, Schoko und Erdbeere. Während der Wintermonate beherbergt die Orangerie zahlreiche Pflanzen.

Tschüss Sonnenblumen! In Richtung Spreewald steuert der Camper nach Burg. Dort gibt es einen Stellplatz am Wasser. Nicht weit entfernt startet am nächsten Tag die gut 20 Kilometer lange Radtour entlang der Wasserwege, Mühlen und Schleusen des Spreewalds. Statt durch angelegte Grünanlagen fährt man durch eine verwunschene Wasserlandschaft. Auf den feuchten Wiesen suchen Störche nach Nahrung und in den dunklen Wäldern streifen die Äste wie zufällig die Radler. Ab und an winken ein paar Kanuten, die an den Schleusen warten. Spreewald mit dem Rad ist pure Entschleunigung.

Tipp: Wer noch Zeit hat und die Perspektive wechseln möchte, leiht sich in Burg ein Kanu (www.spreewald-paddeln.de).

On the Road: Es sind knapp 25 km Fahrt vom Park Branitz bis zum Campingplatz in Burg im Spreewald.

Beste Zeit: Vor allem der Frühling und der Herbst verbreiten eine besondere Stimmung.

Dauer & Strecke: 3 Tage; etwa 6 km lang ist die Runde durch den Park Branitz (3 Std.) und etwas über 20 km die Radtour im Spreewald, für die man mind. 5 Std. einplanen sollte.

Ausrüstung: 1. Tag: Muse zum Lustwandeln, Picknick-Korb; 2. Tag: Fahrrad.

Wenn es Nacht wird: Idyllische Wiesen laden im Kneipp- und Erlebniscamping an den Spreewald-Fließen in Burg zum Bleiben ein: Vetschauer Straße 1a, www.spreewald-info.de > Camping & Zelten > Kneipp-und-Erlebniscamping.

FAZIT: ANGELEGTE GARTENPRACHT VERSUS WILDE NATUR – VIEL ABWECHSLUNG WARTET IM SPREEWALD.

MIET MICH

ENERGIE TANKEN

… rund um den Senftenberger See

#18

Die Touren der Energie-Route erzählen mehr über die Lausitzer Energiegewinnung: gestern und heute. Dabei geht es auch rund um den künstlichen See, der vor 70 Jahren noch ein Tagebaurestloch war. Am Ufer gibt es viele schöne Plätze zum Auftanken und Abhängen.

#RadtourumdenSee #Senftenberg #GartenstadtMarga

Die Martin-Luther-Kirche in der Gartenstadt Marga liegt gegenüber vom Platz des Friedens.

Eigentlich beginnt die Tour Nummer zehn der Energie-Routen in der Gartenstadt Marga, einer ehemaligen Werkssiedlung. Da der Caravan aber auf dem Stellplatz am Senftenberger See steht, geht es direkt am Wasser los, in Richtung Großkoschen, wo man den Koschener Kanal überquert. Ein Sandstrand – mit FKK-Bereich – lädt zum Sprung ins kühle Nass ein. Hinter der Ortschaft liegt das Hafencamp. Nur ein paar Meter entfernt, am Imbiss vom »Schiefen Turm«, gibt es Erbsensuppe. Die 180 Stufen zur Aussichtsplattform lohnen sich: rundum nichts als Wasser und Wälder.

Durch lichte Birkenwälder geht es entlang der sogenannten Südsee. Kurz vor Senftenberg zweigt der Weg nach Marga ab. Statt trister Plattenbauten präsentiert sich rund um den Platz des Friedens die städtebauliche und architektonische Qualität aus der Anfangszeit des 20. Jahrhunderts. Benannt ist die Arbeitersiedlung nach der Tochter von Georg Gottlob Schumann, der von 1906 bis 1929 Generaldirektor der Ilse-Bergbau Aktiengesellschaft war.

Die Tour führt als Nächstes durch die von Bäumen gesäumten Straßen mit ihren schmucken Häusern im Villenstil. Geprägt ist die Gartenstadt von der Dresdner Reformarchitektur und den Elementen des späten Jugendstils. Im Frühling und Sommer grünt und blüht es in den Gärten. Der Bergwerksdirektor Schumann legte viel Wert darauf, seine Mitarbeiter durch attraktives Wohnen an das Unternehmen zu binden. Radeln macht Lust auf Süßes. Alle Ku-

---

On the Road: Der Camper darf übers Wochenende an seinem Stellplatz direkt am See stehen bleiben.

Beste Zeit: Während der Badesaison.

Dauer & Strecke: 2 Tage; gut 20 km lang ist die Energie-Tour rund um den Senftenberger See, die 4 Std. dauert.

Ausrüstung: Fahrrad, Badesachen und ein gutes Buch.

Wenn es Nacht wird: Der kleinere Stellplatz am Seestrand Buchwalde, vom Servicebüro aus rechts, ist noch schöner als der etwas größere auf der linken Seite. Mehr Infos findet man unter www.senftenberger-see.de

---

Der »Schiefe Turm« am Südufer des Senftenberger Sees neigt sich noch mehr als sein weltberühmtes Pendant in Pisa.

chen und Torten im Café Roxy in Marga sind selbstgebacken – der Käsekuchen ist einen Abstecher wert (www.caferoxy-brieske.de)!

Maritimes Flair herrscht im nahen Stadthafen Senftenberg, der aus einer Tagebaukante entstanden ist. Heute liegen am Kai Segel- und Motorboote. Hier lässt es sich aushalten, auf der Kaimauer oder auf der Terrasse des Pier 1 (www.piereins.com). Wer noch mehr über den Bergbau in der Region erfahren möchte, biegt links in Richtung Senftenberg ab und radelt zum Schaubergwerk. Wasserratten zieht es zurück zum Stellplatz, der einen Zugang zum See hat und an dem sich ein weiterer Tag am Wasser lohnt – Auftanken beim Abhängen.

FAZIT: EIN WOCHENENDE ZUM AUSSPANNEN UND AUFTANKEN.

→ IM HERZEN ...

IN GÖRLI-WOOD

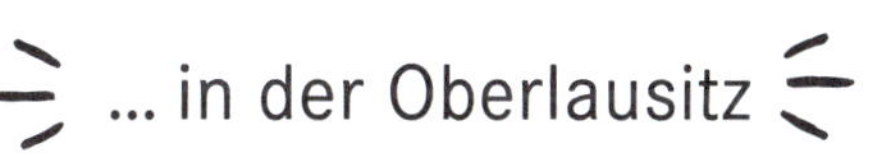

#19 *In Görlitz, der östlichsten Stadt Deutschlands, gibt es viele bekannte Filmkulissen und einen Oscar für das beste Szenenbild für »The Grand Budapest Hotel«. Vorbei an den Jugendstilbauten und über die Neiße geht es direkt nach Polen – in die Schwesterstadt Zgorzelec.*

#Filmkulissen #EuropastadtanderNeiße #BerzdorferSee #OderNeißeRadweg

Görlitz ist eine echte Filmstadt. Der Neptunbrunnen steht am Untermarkt (links unten).

Filme sind eigentlich Illusion, aber in Görlitz werden sie Wirklichkeit – zumindest die Kulissen erwachen zum Leben. Los geht der Spaziergang durch »Görliwood« am Kaufhaus Görlitz, das sich neben der Frauenkirche befindet. Hier steht man vor der Filmkulisse aus der britisch-deutschen Produktion »The Grand Budapest Hotel«. Die Innenaufnahmen für den Film entstanden in dem imposanten Jugendstilhaus mit seinen beeindruckenden Kronleuchtern.

Weiter über den Untermarkt geht es zum Rathaus, das ebenfalls in dem Streifen zu sehen ist. Der Bau gehört auch zu den bekannten Hallenhäusern der Stadt. Nicht weit entfernt, in der Brüderstraße, im ältesten Bürgerhaus deutscher Renaissancebaukunst, befindet sich das Schlesische Museum.

In Richtung Neiße gelangt man zur Altstadtbrücke und über diese direkt in die Schwesterstadt Zgorzelec nach Polen. Am Fluss entlang und vorbei am Jacob-Böhme-Haus, Wohnort des berühmten Görlitzer Schuhmachers und Theosophen aus dem 16. Jahrhundert, erreicht man die Papst-Johannes-Paul-II.-Brücke, auch Stadtbrücke genannt. Sie ist die einzige innerstädtische Brücke für den PKW- und Busverkehr über die Lausitzer Neiße und zugleich Grenzübergang.

Zurück in Görlitz passiert man die Stadthalle und ist wieder zurück im Film »The Grand Budapest Hotel«. Der Jugendstilbau diente im Film als Hoteleingang. Auch der Speisesaal aus dem Film befindet sich in der Stadthalle. Durch den Stadtgarten geht es aufwärts und zurück zum Jugendstil-Warenhaus, wo zukünftig wieder die Bürger beider Seiten der Neiße einkaufen können und zwar zweisprachig.

Wer noch in die Nikolaivorstadt möchte, ältestes Siedlungsgelände und Handwerkervorstadt, läuft nach Osten und zur Neiße zurück. Einen leckeren Mittagstisch gibt es gleich ums Eck des Kaufhauses im Restaurant Jakobs Söhne, in der Jakobstraße. Vom Stellplatz in der Stadt geht es am nächsten Tag ein Stück auf dem insgesamt 630 Kilometer langen Oder-Neiße-Radweg zum Berzdorfer See. Hier lohnt ein Strandtag als Kontrastprogramm zum Vortag.

FAZIT: STADT UND SEE AN DER POLNISCHEN GRENZE.

On the Road: Der Camper wird auf dem Stellplatz abgestellt, dann geht's per pedes in die Stadt bzw. auf dem Rad zum Berzdorfer See.

Beste Zeit: Sommer.

Dauer & Strecke: Ein Wochenende; rund 6 km und 4 Std. ist die Tour durch Görlitz und etwa 10 km, 1,5 Std., sind es auf dem Oder-Neiße-Radweg von Görlitz an den Berzdorfer See.

Ausrüstung: Fahrrad oder Wanderstiefel, Badesachen.

Wenn es Nacht wird: Übernachtet wird auf dem alternativen Campingplatz im Wäldchen gleich neben dem Kühlhaus (www.kuehlhaus-goerlitz.de/uebernachten).

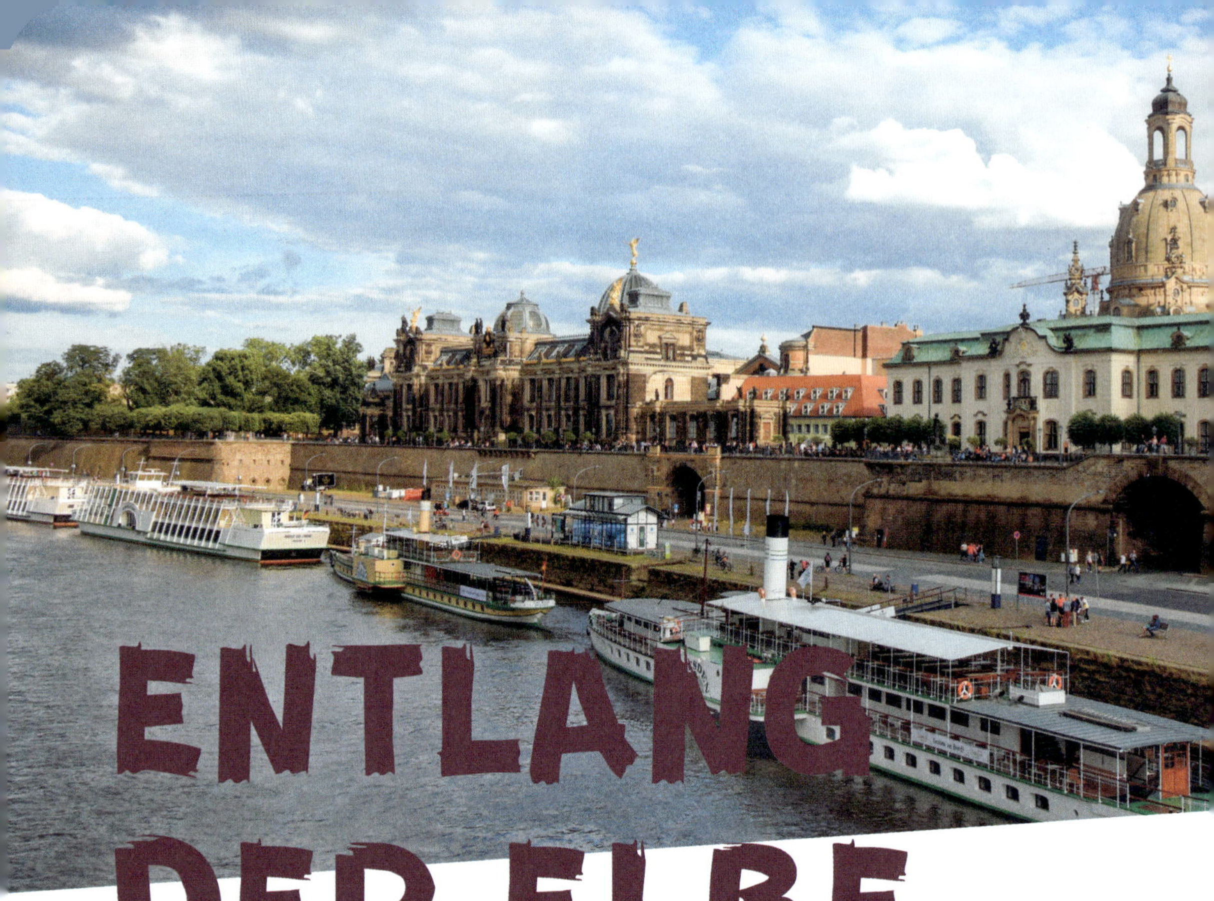

ENTLANG DER ELBE

... auf der Sächsischen Weinstraße

#20

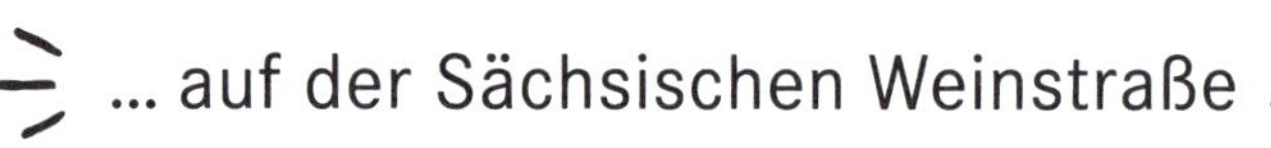

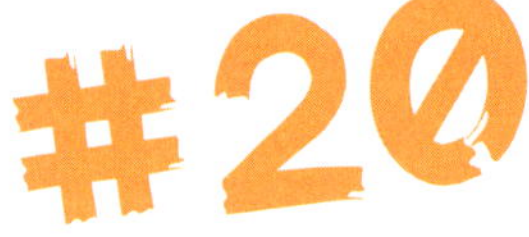

Durch die schönsten Abschnitte des Elbtals schlängelt sich die Sächsische Weinstraße. Bei fast schon mediterranem Flair genießt man abends vor dem Wohnmobil gerne noch ein Gläschen Wein – das von einem der zahlreichen Weingüter stammt.

#WeingenussimBus #anderElbe #Dresdenmittendrin #BlauesWunder

→ IM HERZEN …

Wein aus Sachsen – das klingt nicht gerade typisch! Seit über 25 Jahren gibt es die Wein- und Ferienstraße von Pirna über Dresden nach Diesbar-Seußlitz. Knapp 60 Kilometer windet sie sich vorbei an sonnenverwöhnten Hängen, märchenhaften Schlössern, idyllischen Dörfern und Weingütern. Dazwischen liegen die Steillagen mit den Reben – knorrige Stöcke mit weißen Trauben. Die Rebsorte Müller-Thurgau hat mit rund 15 Prozent den größten Anteil, gefolgt von Riesling und Weißburgunder. Müller-Thurgau gedeiht gut an den Lagen und auf den Böden und liefert den Winzern einen Qualitätswein. Weitere Rebsorten sind Scheurebe, Elbling, Grauburgunder, Spätburgunder und Kerner.

Bevor aber probiert wird, geht es in Pirna, im mittelalterlichen Stadtkern, erst mal auf Tour. Die verwinkelten Gassen, stolze Bürgerhäuser und der historische Marktplatz kommen einem irgendwie bekannt vor. Denn die Bilder

des Venezianers Bernardo Bellotto, genannt Canaletto, machten Pirna weltberühmt. Auf der Suche nach dem nächsten Hinweisschild auf die Weinstraße gelangt man nach Pillnitz. Dort geht es aber nicht ins Schloss und die Parkanlagen, sondern in die Weinbergkirche Zum Heiligen Geist direkt gegenüber. Zwischen den Weinstöcken steht das schmucke Kirchlein, das die Interessengemeinschaft Weinbergkirche Pillnitz e.V. in Schuss hält.

Einen Kilometer entfernt liegt das Weingut Klaus Zimmerling (www.weingut-zimmerling.de), mit seinem Weinberg auf der Rysselkuppe. Im dortigen Atelier entstehen Skulpturen, die auch die Etiketten auf den schlanken Flaschen zieren. Nur einen Katzensprung entlang der Elbe steht das Kirchlein Maria am Wasser in Hosterwitz und das Baudenkmal »Blaues Wunder« spannt sich in Loschwitz über die Elbe.

In Dresden angekommen geht es auf den Stellplatz am Elbufer. Mit einem Glas Müller-Thurgau, der ein bisschen nach Zitrone schmeckt,

---

On the Road: Rund 60 km geht es mit dem Camper die Sächsische Weinstraße entlang, von Pirna über Dresden nach Diesbar-Seußlitz.

Beste Zeit: Ganzjährig.

Dauer: 2 Tage; mit Übernachtungsstopp in Dresden.

Ausrüstung: Lust auf Genuss.

Wenn es Nacht wird: Pieschener Allee 19, Dresden, mit Bäckerbus am Morgen, zu finden über die App park4night.com

---

Wer entlang der Sächsischen Weinstraße fährt, stößt neben Reben auch auf zahlreiche Schlösser: Das Lingnerschloss (Mitte) liegt in der Mitte der drei Elbschlösser Dresdens.

lässt es sich hier aushalten. Vom mobilen Bäcker geweckt, geht es am nächsten Tag wieder auf die Weinstraße. Über Radebeul, vorbei an barocken Bauten, Lustschlössern und viel Grün, fährt der Camper zum Schloss Wackerbarth. Ein Stückchen weiter erreicht man das Lusthaus Hoflößnitz. Dort kann man sich im Weinmuseum noch mehr ins Thema vertiefen. In Meißen überraschen der Dom und die Albrechtsburg mit ihrer Pracht. Einzigartig ist nicht nur das bekannte Porzellan, sondern auch der »Fummel«, ein Gebäck, das es im Original nur in der Konditorei Zieger gibt.

FAZIT: EIN WAHRLICH KÖNIGLICHES WOCHENENDE – PRUNK, WEIN UND GENUSS.

IM SEEN-LAND

#21

Einmal mit den Inlineskates um den Cospudener See fahren, abtauchen im kühlen Nass, Cocktails im Cossis auf dem Holzsteg schlürfen und der Sonne beim Untergehen zuschauen – ein perfektes Wochenende am See.

#Urlaubsgefühle #Inlineskaten #imNeuseenland

Socializing am Pier des Cospudener Sees.

Die Landschaft um Leipzig hat nach dem Ende der Braunkohle-Ära ein neues Gesicht bekommen: Eine Seenlandschaft mit viel Natur und maritimem Flair. Das Wohnmobil steht direkt auf dem Parkplatz am Hafen vom Cospudener See. Wohnmobile sind hier nicht erwünscht, aber geduldet. Vom Parkplatz sieht man die Radler, Spaziergänger, Wassersportler und Skater. Also ab in die Inliner, fertig, los.

Vom Hafen geht es auf Rollen über einen breiten, asphaltierten Weg am schilfbewachsenen Ufer entlang. Immer wieder laden Strände zum Baden ein und ein Schild weist auf Schafe hin, die die Grünflächen ums Gewässer vor dem Verbuschen schützen. Ungefähr nach der Hälfte der rund elf Kilometer langen Strecke geht es zur Bistumshöhe, einem Aussichtsturm. Wer den Blick über die Neue Harth, das knapp 1000 Quadratmeter große Waldgebiet zwischen dem Cospudener und dem Zwenkauer See, schweifen lassen möchte, sollte besser »abschnallen«, denn der Zugang ist gekiest.

Zwischen 1955 und 1970 beherrschte die Kohleförderung das heutige Naherholungsgebiet von Leipzig. Der jahrzehntelange Braunkohleabbau hat tiefe Spuren in der Auenlandschaft hinterlassen und gespenstische Tagebaurestlöcher. Ende der 60er-Jahre erfolgte dann die Aufforstung mit Pappeln, Rot- und Stieleichen und Kiefern. Dazugekommen sind Eschen, Linden, Ahorne und Hainbuchen. Die Löcher wurden geflutet und jetzt fahren am Wochenende während der Saison Ausflugsschiffe übers Wasser. Auch Wildtiere wie Schwarz- und Rehwild haben sich in der

Neuen Harth angesiedelt, und beim »Birding« kann man zahlreiche Vogelarten beobachten.

Weiter geht es am Südufer des Sees, wo Sikahirsche und Bisons zur Erhaltung des Offenlands beitragen. Dann tauchen auch schon wieder die Boote im Hafen von Cospuden auf, den kleinen Ort hat der Tagebau verschlungen. Einst war die verloren gegangene Ortschaft in die Auenlandschaft eingebettet. Dann mussten die Einwohner Anfang der 70er-Jahre dem näherrückenden Braunkohleabbau weichen und wurden nach Markkleeberg umgesiedelt. An die einstige Ortslage erinnert heute eine gut sichtbare orangefarbene Boje im See.

Tipp: Im Restaurant Cossis gibt es neben Cocktails auch Bowls, Burger und Regionales (www.cossis-see.de).

FAZIT: GEMÜTLICHES SEE-WOCHENENDE MIT MARITIMEM FLAIR.

On the Road: Das Wohnmobil wird am Cospudener See in Markkleeberg abgestellt. Weiter geht's auf zwei Rädern oder Beinen. Alternativ kommt man mit den öffentlichen Verkehrsmitteln nach Leipzig.

Beste Zeit: Im Sommer.

Dauer & Strecke: Ein Wochenende; rund 11 km lang ist die gut asphaltierte Strecke um den Cospudener See, die man mit den Inlineskates in 2 Std. schafft. Gut 10 km sind es nach Leipzig, 1 Std. mit dem Rad.

Ausrüstung: Inliner, Fahrrad, Badesachen. Räder kann man am See mieten, ebenso wie Boote und Spielzeug-Pferde, auf denen Kinder reiten können.

Wenn es Nacht wird: Geheim-Tipp Markkleeberg 2, 04416 Markkleeberg über die App park4night.com

---

PONTE VECCHIO

... in Erfurt

22

Die Stadt an der Gera wird immer beliebter und zieht viele Menschen an. Mitten in der malerischen Altstadt erinnert die Krämerbrücke an die Ponte Vecchio in Florenz, die allerdings etwas kürzer ist als ihr Pendant in Thüringen. Ein Bummel über die Brücke kann schon eine Weile dauern.

#Fachwerk #Krämerbrücke #Clueso #Schokoladengenuss #Städtetrip

Zur Weihnachtszeit ist ein Bummel über die Brücke besonders romantisch.

Durch die Fenster der Schokoladenmanufaktur auf der Krämerbrücke (www.goldhelm-schokolade.de) sieht man die süßen Köstlichkeiten im Tresen und in den liebevoll dekorierten Regalen liegen. »Schokoladiker« können da nicht widerstehen. Die leckeren Pralinen gibt es im Laden auch gleich »auf die Hand«, in herb, fruchtig oder süß. Auf der Brückengasse leuchten im Dezember die weihnachtlichen Lichterketten um die Wette. Die festlich geschmückten Schaufenster der Kunsthandwerkergeschäfte laden immer wieder zum Innehalten ein. Im Winter zieht der Duft von Glühwein durch die Brückengasse.

Erfurts Geschichte ist eng verknüpft mit der Kultivierung der Färbepflanze Waid, aus welcher das begehrte Indigoblau gewonnen wurde. Im Samenspender, einem Automat zwischen zwei Fenstern des Geschäfts der Waid-Manufaktur Erfurter Blau, gibt es für zwei Euro »Waid Woad Seeds«. Die kleinen Kugeln darin enthalten Samen der Waidpflanze inklusive einer Gebrauchsanleitung, damit das Saatgut der Färbepflanze auch Freude bereitet. Die »Samen-to-go« stammen von der Waidplantage vor den Toren Erfurts.

Im Brückenhaus Nr. 31 gibt es eine sehenswerte kostenlose Dauerausstellung zur Geschichte und Gegenwart der Krämerbrücke und ihr Modell im Maßstab 1:100. Eine schmale Steintreppe führt in die Kellerräume, die sich im Inneren der Stützpfeiler der Brücke befinden. Im ersten Obergeschoß ist die wiederhergestellte Bohlenstube, ursprünglich aus den Jahren

1578/79. Sie diente einst als repräsentativer Wohnraum und war der einzige abgeschlossene Raum im Haus, der beheizt werden konnte. Zu den ursprünglichen Einrichtungsgegenständen der Stube gehörten außerdem Sitzbänke entlang der Wände sowie Regalborde zur Aufbewahrung von Geschirr und Gefäßen.

Zwar ist die Krämerbrücke nur rund 125 Meter lang, aber so ein Bummel dauert. Thüringer Blaudruckstoffe, handbemalte Keramik, Schmuck und Glaskunst zwingen immer wieder zum Anhalten. Die Krämerbrücke ist übrigens die längste durchgehend mit Häusern bebaute und bewohnte Brücke Europas. Sie wurde zunächst aus Holz und 1325 aus Stein errichtet. Ursprünglich standen 62 schmale Häuschen auf der Brücke, später wurden sie zu 32 Häusern zusammengefasst. Von den beiden ehemaligen Brückenkopf-Kirchen existiert heute noch die östliche Ägidienkirche. Den imposanten Ausblick vom Turm sollte man sich nicht entgehen lassen.

On the Road: Der Camper wird im Wohnmobilpark in Melchendorf abgestellt, in die Innenstadt geht's mit der Straßenbahn.

Beste Zeit: Besonders schön wirkt die weihnachtlich dekorierte Altstadt im Dezember.

Dauer & Strecke: 2 Tage; der Spaziergang über die Krämerbrücke ist nur etwas über 120 m lang, dauert aber locker 2–3 Std.

Ausrüstung: Warme Schuhe, Jacke, Handschuhe.

Wenn es Nacht wird: In Erfurt-Melchendorf gibt es einen kostenpflichtigen Wohnmobilpark (www.caravan-erfurt.de).

Hein Blöd und Käpt'n Blaubär sind zwei der vielen KIKA-Figuren, die in der gesamten Stadt verteilt sind. Der Kinderkanal kommt aus Erfurt.

Im Dezember gibt es übrigens nicht nur den schönen Weihnachtsmarkt, der sich durch die gesamte Altstadt zieht, sondern auch ein Heimatkonzert des bekannten Musikers Clueso, der trotz seines Erfolgs in seiner Heimatstadt Erfurt geblieben ist und sich außerdem im Zughafen engagiert hat, einem Künstlernetzwerk in einem alten Bahnhofsgebäude (www.zughafen.de).

Tipp: Ein grünes Kontrastprogramm für den zweiten Tag bieten die vielen Parks und der Steigerwald. Erfurt wird nicht umsonst die Blumenstadt genannt – um 1900 war Erfurt ein weltweit führender Standort im Garten- und Pflanzenbau.

FAZIT: BRÜCKENROMANTIK MIT ECHTEM WEIHNACHTSFLAIR.

GRÜNER GEHT NICHT

#23

Verwunschene Täler und leicht bezwingbare Berggipfel prägen den Thüringer Wald. Großstadt-Flair sucht man hier vergeblich. Aber in Zella-Mehlis wartet eine Überraschung – die Sunbean Kaffeerösterei.

#RennsteigLeiter #BergundTal #Kaffeegenuss #schwarzeBohnen

Die Naturschätze des Rennsteigs, wie der Thüringer Wald, sind vielfältig.

Erst der Muntermacher, dann ab in die Natur. Kaffeesäcke, Röstmaschinen und der typische Duft von Kaffeebohnen empfangen die Gäste in der Sunbean Kaffeerösterei, die in einer alten Fabrik in Zella-Mehlis untergebracht ist (www.sunbean.de). Wer mehr über das beliebteste Getränk der Deutschen wissen möchte, bekommt gerne Auskunft und darf auch schon einmal einen Blick auf den Verarbeitungsprozess der Bohnen werfen. Dabei bilden sich die Aromen aus, von denen bisher rund 800 bekannt sind.

Munter geht es nach einer Tasse Kaffee auf Tour. Kanada lässt grüßen, zumindest gedanklich, denn die Postkartenlandschaften am Rennsteig sind geprägt von unberührter Natur, ausgedehnten Wäldern und viel Grün.

Sieben Kilometer lang ist die Wanderung über die Rennsteig-Leiter Zella-Mehlis, die anfangs ganz zivilisiert am Hotel Waldmühle im wildromantischen Lubenbachtal vorbeiführt, wo der gleichnamige Bach vor sich hinplätschert. Der Weg streift das Technische Museum Gesenkschmiede, das neben den ältesten Brettfallhämmern Deutschlands auch viele historische Werkzeuge und Maschinen des traditionsreichen Schmiedehandwerks zeigt.

Am stillgelegten Oberhofer Bahnhof beginnt direkt über dem Brandleitetunnel – zu DDR-Zeiten der längste Eisenbahntunnel der Deutschen Reichsbahn – ein steiler Anstieg hinauf zum Bärenstein. Die Aussicht lässt nichts zu wünschen übrig und schöner verschnaufen kann man kaum. Knapp zwei Kilometer sind es noch bis zum Rondell am Kammweg.

On the Road: Während der Wanderung bleibt das Wohnmobil auf dem Campingplatz in Zella-Mehlis stehen. Von dort sind es nach Oberhof 10 km Fahrtstrecke.

Beste Zeit: Ganzjährig.

Dauer & Strecke: 2-Tages-Tour; rund 7 km lang ist die Wanderung über die Rennsteig-Leiter Zella-Mehlis, zurück geht es mit dem Bus, Dauer ca. 3 Std.

Ausrüstung: Wanderstiefel.

Wenn es Nacht wird: Übernachtet wird in Toschis Station an der Quelle 5, Zella-Mehlis, www.toschis-station.de

---

Wie röstet man eigentlich Kaffee? Das erlebt man in der Sunbean Kaffeerösterei.

Wer sich für Pflanzen begeistert, findet am Ende der Tour, im Oberhofer Rennsteiggarten, rund 4000 Arten von Gebirgspflanzen. Die Anlage erstreckt sich über eine Fläche von sieben Hektar rund um den 868 Meter hohen Pfanntalskopf. Hier sind natürliche Lebensräume detailgetreu nachgebildet. Im Café Enzian gibt es hausgebackenen Kuchen und Eis (www.rennsteiggartenoberhof.de). Mit dem Bus geht es nach Zella-Mehlis zurück, die Bushaltestelle ist nur rund 500 Meter entfernt. Für den nächsten Tag steht ein Besuch im benachbarten Oberhof an.

FAZIT: EINE TASSE KAFFEE AM MORGEN VERTREIBT KUMMER UND SORGEN.

Tipp: Wie wär's mit einer Planwagenfahrt von Zella-Mehlis durch den Thüringer Wald (www.kremserfahrten-luhn.de)?

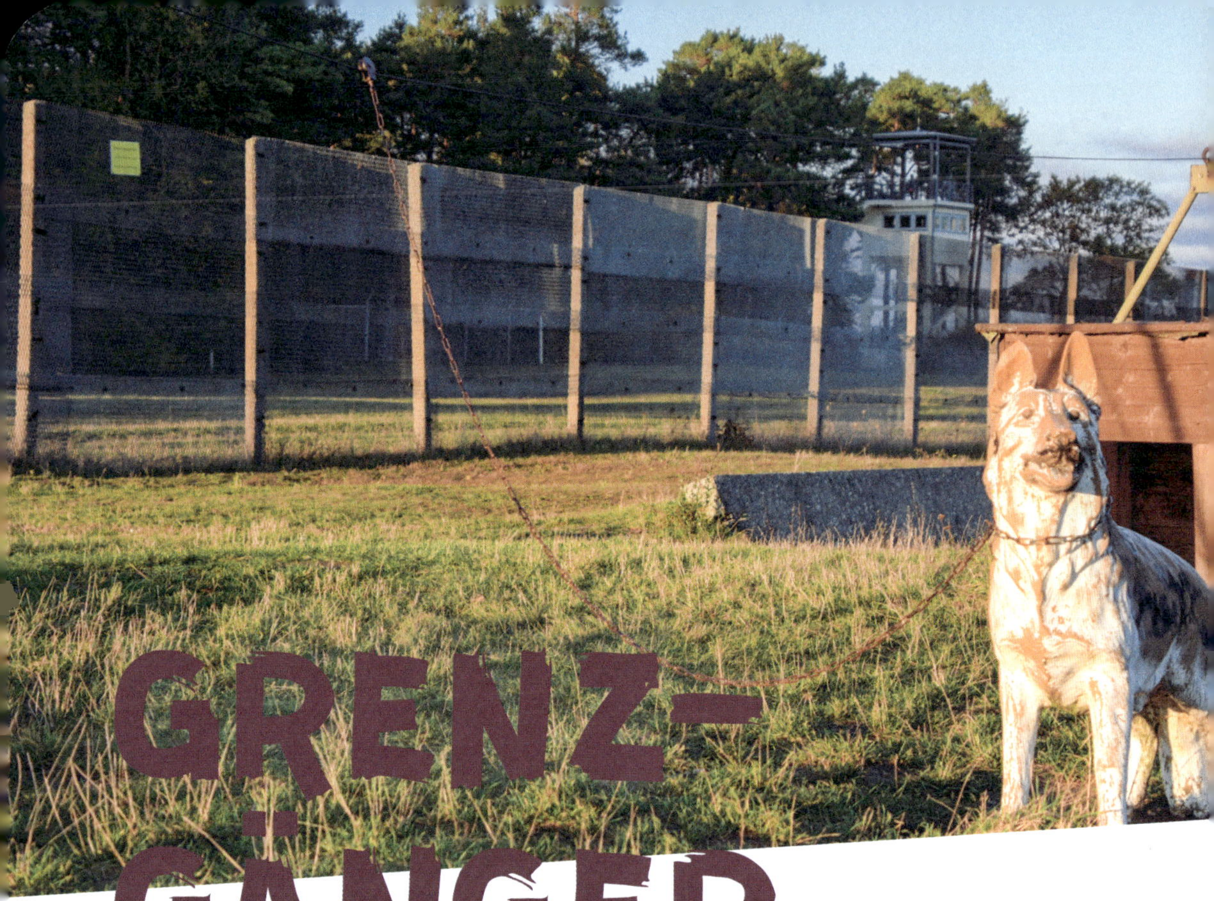

GRENZ-GÄNGER

… in Thüringen

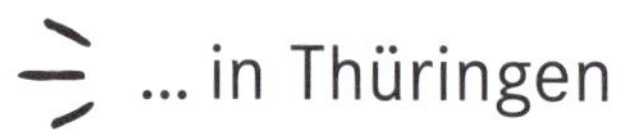

#24

Rund 25 Kilometer geht es mit dem Rad entlang der ehemaligen innerdeutschen Grenze – dem Grünen Band. Hier erlebt man Geschichte hautnah. Am höchsten Punkt der Tour liegt Point Alpha, mit dem ehemaligen US-Camp und dem Haus auf der Grenze.

#GrünesBand #PointAlpha #Radtour #Geschichtehautnah

Die Gedenkstätte Point Alpha ist ein authentischer Schauplatz des Kalten Krieges: ein Wachturm der ehemaligen DDR.

→ IM HERZEN …

Nach einer ruhigen Nacht auf dem WoMo-Stellplatz beim Sportplatz der thüringischen Gemeinde Geisa geht es auf die Räder – und auf den deutschen Teil des fast 10 000 Kilometer langen Iron Curtain Trails, der EuroVelo Route EV13, die von Norwegen bis nach Serbien führt. Auf der ehemaligen innerdeutschen Grenze verläuft auch der Radweg Grünes Band, dessen Streckenverlauf der Iron Curtain Trail in Thüringen teilweise nutzt. Hintergrund der Route ist der »Eiserne Vorhang«, der den Osten und Westen Europas fast ein halbes Jahrhundert lang voneinander trennte.

Los geht es an der Ulster, dem Flüsschen folgen gleich drei Radwege: der Rhönradweg, der BahnRadweg Hessen und der Ulstertal-Radweg. Über Borsch und Buttlar radelt man an Feldern entlang nach Wenigentaft und weiter in westlicher Richtung über die thüringisch-hessische Grenze nach Grüsselbach. Die letzten Meter führen durch den Wald, steil bergauf zum 411 Meter hoch gelegenen ehemaligen US-Beobachtungsstützpunkt Point Alpha. Hier standen sich bis 1989 die Truppen von NATO und Warschauer Pakt Auge in Auge gegenüber, getrennt durch einen mit

menschenverachtenden Sicherungseinrichtungen ausgerüsteten Grenzzaun. Heute kann man sich in der Gedenkstätte (kostet Eintritt) über die Geschichte des Kalten Krieges informieren. Der Beobachtungsstützpunkt Point Alpha gibt den Blick von West nach Ost frei. So konnten die Amerikaner die Aktivitäten der Einheiten des Warschauer Paktes und der DDR-Grenztruppen mitverfolgen.

Vorbei am Beobachtungsturm und entlang des drei Meter hohen Grenzzauns, der früher mit Splitterminen und Hundelaufanlagen gesichert war, fährt man nun direkt auf dem »Grünen Band« weiter, und zwar bis zum Haus auf der Grenze. Auf der anderen Seite der Landstraße folgt man dem Grenzverlauf noch für einige Meter, bevor es dann wieder ostwärts und bergab zurück zum Stellplatz nach Geisa geht.

Am nächsten Tag wird dann wieder die Grenze nach Hessen überschritten – dieses Mal mit dem Camper und zum Rundgang durch die Barockstadt Fulda. Einzigartig ist vor allem der Dom, der zu Beginn des 18. Jahrhunderts entstanden ist. Hier weist der Heilige Bonifatius den Passanten den Weg über die Straße, und zwar in Form eines Ampelmännchens. Gegenüber vom Dom steht das prächtige Barockschloss, das heute ein Museum beherbergt. Im Schlossgarten fällt die Orangerie ins Auge. Durch die romantischen Gassen Fuldas kommt man in die mittelalterliche Altstadt mit dem Hexenturm, einem Teil der Stadtbefestigung.

Tipp: Wer gerne gut isst und es dabei kuschelig mag, der sollte unbedingt das Feinschmeckerlokal Dachsbau in Fulda (www.dachsbau-fulda.de) besuchen.

Unterwegs auf dem Grenzgänger (links). In Fulda steht der Dom St. Salvator (rechts).

FAZIT: GRENZENLOS SPANNEND!

On the Road: Vom Stellplatz in Geisa sind es rund 30 km Fahrtstrecke nach Fulda, auf den Parkplatz in der Weimarer Straße.

Beste Zeit: Radsaison.

Dauer & Strecke: Übers Wochenende. Die Radtour ist 25 km lang und dauert mind. 4 Std. Wer sich den Eintritt am Point Alpha sparen möchte, bekommt auch von draußen einen Eindruck der Anlage.

Ausrüstung: Fahrrad.

Wenn es Nacht wird: Wohnmobilstellplatz Geisa am Sportplatz FSV Ulstertal Geisa, Schleider Straße, direkt am Ulstertal-Radweg.

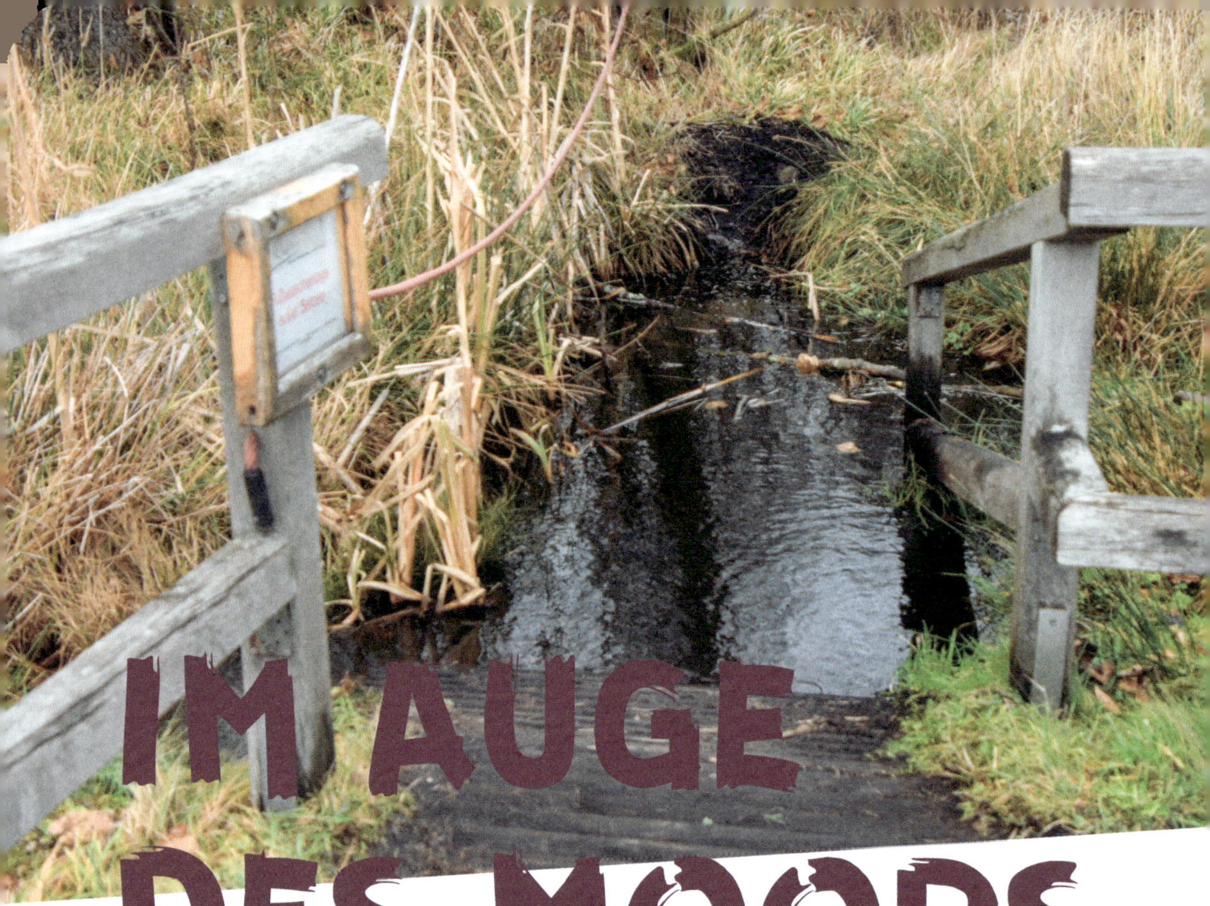

IM AUGE DES MOORS

… in der Rhön

#25

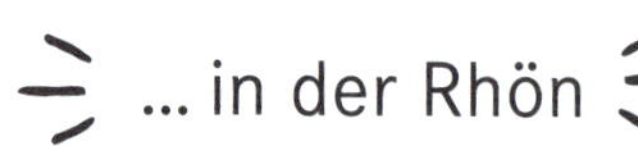

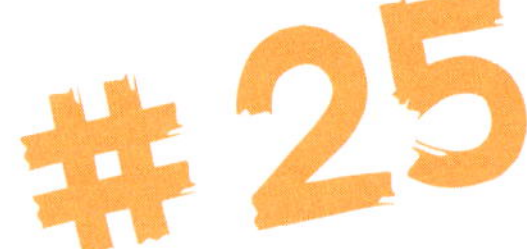

Das Schwarze Moor an der Hochrhönstraße hat je nach Wetter und Jahreszeit viele Gesichter: Mystisch, geheimnisvoll, unheimlich –und schaurig-schön. Holzbohlenwege führen entlang des Naturlehrpfads und bis zum großen Moor-Auge.

#SumpfFeeling #versumpft #klimafreundlich #DrosteHülshoff

Mystische Stimmung im Moor.

→ IM HERZEN ...

Das Schwarze Moor, der Name sorgt schon für Gänsehaut, liegt über 700 Meter hoch und gehört zum UNESCO-Biosphärenreservat Rhön (im bayrischen Teil der Rhön). Das schaurige Image vom Moor mag auch vom Deutschunterricht rühren – von Annette von Droste-Hülshoffs Gedicht über das Moor: »O schaurig ist's übers Moor zu gehn.«

Auf dem Parkplatz Schwarzes Moor gibt es eine Infostelle mit Fakten statt Schauergeschichten. Dort erfährt man, dass das Hochmoor mit über 66 Hektar Fläche das größte in der Rhön ist – ein weitestgehender unberührter Naturschatz und seit 1939 unter Naturschutz. Auf der gegenüberliegenden Straßenseite geht es ins Moor und auf den Naturlehrpfad, der meist auf Holzbohlen durch die Moorlandschaft führt.

Über 20 Infotafeln erklären Entstehung, Flora und Fauna sowie Verhaltensregeln. So eine

Landschaft hat schon etwas Geheimnisvolles. Auf der weiten Fläche stehen windschiefe Bäume. Schilfgras raschelt im Wind, der hier immer über die Landschaft braust. »Hohl über die Fläche sauset der Wind«, so heißt es in der zweiten Strophe des Hülshoff-Gedichts. An über 200 Tagen im Jahr soll hier Nebel herrschen. Tote Äste und Baumstämme, die aus dem Morast ragen, sorgen für echtes Moor-Feeling. Vor allem dem Wind ist es zu verdanken, dass das Moor nicht trockengelegt wurde, wie beispielsweise das Rote Moor im

Willkommen im Sumpf: Kaum eine Moorlandschaft in Deutschland ist so ursprünglich und naturnah wie das Schwarze Moor.

hessischen Teil der Rhön. Lediglich einen einzigen Torfstich in der Größe eines Pools gab es hier. Der Steg führt auch an diese Stelle.

Vom Turm bietet sich der Blick von oben – über Bäume, Besenheide, Heidelbeeren und Torfmoose. Nur einen Millimeter wächst die Torfschicht des Moors im Jahresdurchschnitt. Ein Schild am Fuße der Aussichtplattform weist zum Moor-Auge, einem Moorsee, der sich im Zentrum gebildet hat. »Da birst das Moor, ein Seufzer geht / Hervor aus der klaffenden Höhle«. Die Worte der Dichterin beschreiben die Wasserstelle, die einer Höhle ähnelt: dunkel und bedrohlich. In der Realität sind Moore allerdings gigantische Kohlenstoffspeicher, die ungefähr doppelt so viel an Kohlenstoff aufnehmen können wie Wälder.

Am nächsten Tag geht es auf den elf Kilometer langen Rundweg um Urnshausen zur Stoffelskuppe im thüringischen Teil der Rhön. Die Stoffelskuppe bei Roßdorf ist ein 620 Meter hoher erloschener Vulkan. Über die Bernshäuser Kutte, einen 45 Meter tiefen Erdfallweiher, der als größter See in der Thüringer Rhön gilt, wandert man zurück über Bernshausen nach Urnshausen.

Tipp: Stopp im Restaurant Schwarzer Adler in Fladungen (www.schwarzer-adler-fladungen.de), der zum Fränkischen Freilandmuseum gehört.

FAZIT: SCHAURIG-SCHÖNE WANDERUNG DURCHS MOOR, LITERARISCH BEGLEITET.

On the Road: 28 km sind es mit dem Camper von Fladungen nach Urnshausen im thüringischen Teil der Rhön. Von dort zum Campingplatz Schloss Roßdorf fährt man nochmals 5 km. In der Nähe verläuft auch der Hochrhöner Weitwanderweg.

Beste Zeit: Geht auch im Winter.

Dauer & Strecke: 2 Tage; 3,1 km lang ist der Naturlehrpfad Schwarzes Moor bei Fladungen, für den man 2 Std. braucht (weitere Infos auf www.rhoen.de unter der Rubrik Erleben/Wandern & Natur), und rund 11,4 km lang die Wanderung rund um Urnshausen, Dauer 4–5 Std.

Ausrüstung: Wanderschuhe.

Wenn es Nacht wird: Campingplatz im Grünen und mit royaler Kulisse: Camping Schloss Roßdorf (de.campingschlossrossdorf.eu).

LEISES WINTER-GLÜCK

... im Fichtelgebirge

#26

Der Ochsenkopf im Fichtelgebirge ist knapp über 1000 Meter hoch. Im Winter ist der Gipfel mit dem Asenturm oft tief verschneit – ein Winter Wonderland für Wanderer, Schneeschuhgänger, Langläufer und alle, die Ruhe suchen.

#Winterträume #Ochsenkopf #aufleisenSohlen #Winterglück

Eingeschneit im Fichtelgebirge – und alles ist ganz still.

→ IM HERZEN …

Der Qualitätswinterwanderweg rund um den Ochsenkopf ist knapp 19 Kilometer lang – bei Schnee und Kälte fast zu viel für eine Tagestour. Wer nicht den ganzen Weg laufen möchte, kann aber abkürzen und beispielsweise die Seilbahnen Ochsenkopf Nord und Ochsenkopf Süd einbinden.

Beim Start in Bischofsgrün überquert man als Erstes die Skipiste. Neben geübten Skifahrern sieht man auch Anfänger, die sich vorsichtig den Hang hinabbewegen. Auffällig kurz sind ihre Skier – die örtliche Skischule setzt eine besondere Methode zum Erlernen des Skifahrens ein. Hierbei basiert der Unterricht auf dem Prinzip der ansteigenden Skilängen, einem in Bischofsgrün erfundenen und weltweit einzigartigen Lernverfahren. In der Praxis bedeutet das, die Skier werden mit jedem Tag länger.

Immer wieder säumen Felsblöcke den Weg, wild verstreute Gesteinsriesen. »Der Granit lässt mich nicht los«, verkündete Johann Wolfgang von Goethe, als er 1785 im Fichtelgebirge verweilte und in die Tiefen des erdgeschichtlichen Werdens einzudringen versuchte. Schon ihm fielen die unterschiedlichen

Gesteinsformen auf, die die Einheimischen gern mit wunderlichen Namen wie Blockmeere, Felsenlabyrinthe, Matratzenlager und Wollsäcke betiteln. Sie sehen nämlich aus, als hätte jemand eine überdimensionale Dose mit Zuckerwürfeln umgekippt.

Regelmäßig kreuzt der Wanderweg eine der zahlreichen Loipen, die genau wie der Winterwanderweg von nebenberuflichen Pisten-Bully-Fahrern aus den umliegenden Orten täglich präpariert werden. Im Winter ist es keine Seltenheit, dass die Bäume eine kecke weiße Haube tragen. Dann ist es ganz still, nur das Knirschen des Schnees unter den Schuhsohlen begleitet die Wanderer auf dem Weg durch den Wald. Vor dem Freilandmuseum Grassemann lichten sich die Bäume. Bis ins 19. Jahrhundert hinein beherrschte der einstöckige Holzbau des Museumsgebäudes die Region.

On the Road: Der Caravan bleibt übers Wochenende auf dem Stellplatz in Bischofsgrün, weiter geht's zu Fuß.

Beste Zeit: Ende November bis Anfang März, wenn Schnee liegt.

Dauer & Strecke: 2-Tages-Tour; knapp 19 km lang ist der Winterwanderweg, etwa die Hälfte ist es von Bischofsgrün nach Fleckl mit einer Dauer von 5–6 Std.; etwas länger ist die Strecke am zweiten Tag über Neubau nach Fleckl, mind. 6 Std.

Ausrüstung: Winterfunktionskleidung, eventuell Schneeschuhe.

Wenn es Nacht wird: Wohnmobilstellplätze im Rangenweg 10 in Bischofsgrün.

Über Schneemangel kann Bischofsgrün nicht klagen!

Kurz darauf taucht die Talstation Süd im Örtchen Fleckl auf. In der Nähe liegt das Naturmoorbad, das aus einem Flößerweiher entstanden und im Winter meist unter Schnee begraben ist. Von Fleckl kann man mit der Seilbahn zurück nach Bischofsgrün fahren – ganz bequem geht es dabei zunächst nach oben auf den Ochsenkopf, wo die Seilbahn hält. Es ist die zweithöchste Erhebung im Fichtelgebirge, nur der benachbarte Schneeberg ist knapp 30 Meter höher. Dessen Gipfel ist aber Naturschutzgebiet. Zum Aufwärmen bietet sich nun das Gipfelrestaurant Asenturm an, das sich neben einem Sender für Radio und Fernsehen befindet. So bleibt für den nächsten Tag die zweite Etappe des Weges.

FAZIT: EIN TRAUMHAFTES WOCHENENDE IM WINTER WONDERLAND.

FAST VERGESSEN

... in Hirschhagen in Nordhessen

#27

Ruinen – verlassen, verfallen und teilweise gut versteckt. Das ist alles, was von einer der größten Sprengstofffabriken des Dritten Reichs übrig ist. Damit die Munitionsfabrik nicht ganz zum »vergessenen Ort« wird, gibt es den Themenweg Hirschhagen.

#lostplace #morbiderCharme #gesternundheute #Geschichteunvergessen

→ IM HERZEN …

Die spannende Spurensuche beginnt im Industriegebiet Hirschhagen, wo das WoMo vor dem alten Verwaltungstrakt parkt. Der äußerlich unversehrte Klinkerbau thront auf der Anhöhe, direkt am Waldrand. Er gehörte zu den rund 400 Gebäuden der strategischen Fabrik aus dem Dritten Reich. Führende Köpfe des Nationalsozialismus hatten sie Mitte der 30er-Jahre mittels der Dynamit-Aktiengesellschaft gegründet.

Auch die einstige Pforte gegenüber, die die Arbeitskräfte – zumeist Zwangsarbeiter – vor und nach ihren bis zu zwölf Stunden dauernden Schichten täglich passierten, ist gut erhalten. Hier beginnt der Themenweg über das rund drei Kilometer lange Gelände, auf dem neben Ruinen auch neue Industriebetriebe stehen – gestern und heute vermischen sich bei diesem Rundgang. Die Route biegt von der Hauptstraße nach links ab, alte Gleisanlagen zeugen noch vom Transport des Sprengstoffs zwischen den einzelnen Produktionsstätten. Die einstöckigen Gebäude entlang der Gleise, einst Werkstätten für die Karren und Waggons, sind teilweise mit Büschen und Bäumen bewachsen – so fiel die Anlage im Wald weniger auf.

Die Infotafel drei steht in der Gutenbergstraße vor den Gebäuden 412 und 444. Sie gehörten zur Füllstation Ost, wo TNT in die Granaten, Bomben und Tellerminen abgefüllt wurde. Immer wieder ereigneten sich während des Produktionsprozesses Unglücke. Bei den größten Explosionen verloren teilweise mehr als 50 Menschen ihr Leben. Den Hallen fehlen Seitenwände, Fenster sind eingeschlagen und der Putz bröckelt von der Fassade. Den Charme des Verfalls verdrängen die düsteren Fakten der Vergangenheit.

Auf dem Themenweg taucht man tief ein in die Geschichte dieses Ortes.

Die Route erschließt auch das heutige Hirschhagen, mit neuangesiedelten Unternehmen aus der Umwelttechnik, dem Automobilbereich und dem Handwerk. Aber immer wieder geht es auf dem Themenweg zurück in die Vergangenheit. Im Frühjahr 1945 kamen rund 1000 jüdische Zwangsarbeiterinnen von Auschwitz nach Hirschhagen. Eine von ihnen war Blanka Pudler. Ohne Schutzkleidung wurde sie in Hirschhagen den giftigen Dämpfen ausgesetzt. Haut und Haare verfärbten sich gelb, man nannte sie Kanarienvogel. Tafel fünf erzählt, dass die damals 15-Jähige die Räumung des Lagers im Herbst 1945 und auch den zweiwöchigen Todesmarsch überlebte – die Albträume blieben. Auch wenn der Weg nur rund fünf Kilometer lang ist, haften die Geschichten im Gedächtnis.

On the Road: Erster Halt ist Hirschhagen. Knapp 10 km sind es mit dem Camper von Hirschhagen nach Helsa zum Eco Pfad, knapp 7 km von Hirschhagen zum Campingplatz in Hessisch Lichtenau.

Beste Zeit: Ganzjährig.

Dauer & Strecke: 2 Tage; 5 km lang ist der Themenweg Hirschhagen durchs Industriegebiet mit einer Gezeit von 2 Std., 10 km der Eco Pfad rund um Helsa und durch das Tal der Wedemann, Gehzeit ca. 3 Std.

Ausrüstung: Bequeme Schuhe, Proviant.

Wenn es Nacht wird: Zum Restaurant Grundmühle gehört auch ein Campingplatz, Grundmühle 14 in Hessisch Lichtenau (www.zum-muehlenstuebchen.metro.rest).

Tipp: Das Industriegebiet Hirschhagen lässt sich auch in einer geführten Tour erkunden. Infos gibt's unter www.hirschhagen.de

Auch am nächsten Tag kommen einem immer wieder Bilder von Hirschhagen in den Kopf, wenn es bei der Wanderung auf dem Eco Pfad eigentlich um die Industrie- und Kulturgeschichte vom benachbarten Ort Helsa geht (www.eco-pfade.de). Man trifft auf verschiedene Zeugen der Vergangenheit: Es geht vorbei an der Nikolaikirche, deren Turm auch heute noch das Wahrzeichen Helsas ist, und an der Glashütte beim »Lappenloch«.

FAZIT: EIN WOCHENENDE MIT EINER GESCHICHTE, DIE EINEN NICHT SO SCHNELL WIEDER LOSLÄSST.

→ IM HERZEN …

WILDE WÄLDER

… am Edersee

Urwald, versunkene Dörfer und ein Nationalpark, eingerahmt von grünen Hügeln. Rund um den Edersee, einen der größten Stauseen im Land, gibt es viel zu entdecken. Abhängen – beispielsweise in der Hängematte – kann man im Camping- & Freizeitpark Teichmann.

#Urwälder #unterwegsimNationalpark #Wasserratten #Erlebniscamping

Der rund 600 Quadratkilometer große Naturpark Kellerwald-Edersee ist besonders waldreich.

Vorbei an saftigen Wiesen, kleinen Gehöften und durch malerische Fachwerkdörfer geht es, wenn man dem Schild mit der Aufschrift Edersee Talsperre folgt. Kurz vor Herzhausen biegt man in die Straße Zum Träumen 1A ab und direkt in den Campingplatz ein. Mit etwas Glück ergattert man sogar einen Stellplatz am See mit Zugang zum Wasser. Hier passt die Kulisse zum gemütlichen Grillabend mit Blick auf die Wasservögel – echte und solche aus Plastik. Später spiegelt sich romantisch der Mond im See.

Über die 47 Meter hohe Edertalsperre führt ein rund 400 Meter langer Fuß- und Radweg.

Nach einem gemütlichen Frühstück kommt erst einmal die Hängematte zum Einsatz – so lässt es sich aushalten. Eigentlich stand eine ausgiebige Wanderung auf dem Programm. Doch nach dem verbummelten Vormittag und dem Besuch im Nationalparkzentrum, das direkt gegenüber vom Campingplatz liegt, geht es auf die Hagenstein- statt auf die längere Ringelsberg-Route. Vom Besucherzentrum läuft man an den Experimentierstationen vorbei und folgt nach dem kleinen Barfußparcours abschnittsweise dem Urwaldsteig Edersee, der sich 70 Kilometer über Stock und Stein und durch echten Urwald schlängelt.

An den Ederhängen wachsen Roter und Großblütiger Fingerhut. Der Fingerhut ist auch das Symbol des Wanderwegs. Den Berg hinauf gelangen die Wanderer zum Parkplatz 1. Durch die charakteristischen Wälder mit bizarr gewachsenen Buchen und knorrigen Eichen kommt man zum Aussichtspunkt: Der markante Felsvorsprung gibt den Blick frei übers Obere Edertal. Abwärts passiert man umgestürzte Bäume. Zwischen den gefallenen Riesen entfaltet sich neue Wildnis. Durch das kleine Örtchen Kirchlotheim erreicht man wieder das Nationalparkzentrum. Der sechs Kilometer lange Weg kann auch andersherum gegangen werden.

Am folgenden Tag fährt der Camper nach Nieder-Werbe. Hier markiert der Kirchturm im Vorstaubecken den Standort der Dorfkirche, die vor über 100 Jahren dem Edersee weichen musste. Weiter geht es über Waldeck an die imposante Staumauer, die zu den höchsten in Europa zählt, und einmal rund um den See.

FAZIT: WALDESRAUSCHEN UND WASSERFREUDEN – EIN FEST FÜR DIE SINNE.

On the Road: Knapp 10 km Fahrtstrecke sind es vom Campingplatz in Herzhausen nach Nieder-Werbe und noch einmal so weit an die Staumauer des Edersees.

Beste Zeit: Im Sommer, denn das Wasser verlockt zum Baden.

Dauer & Strecke: Ein Wochenende; 6 km lang ist die Hagenstein-Route, für die man 2,5 Std. braucht.

Ausrüstung: Wanderschuhe, Badesachen, ein Picknick für unterwegs.

Wenn es Nacht wird: Schön am See gelegen ist der Camping- & Ferienpark Teichmann (www.camping-teichmann.de). Hier gibt es Stellplätze mit eigenem Seezugang. Für die zweite Nacht bietet sich der DKV-Platz am Edersee an (www.dkv-campingplatz-edersee.de).

WISENT-WILDNIS

Hier warten malerische Aussichten, eine tierisch spannende Wanderung und immer die Frage: Sieht man die Wisente wohl? Auf den Spuren der majestätischen Tiere auf dem Wisent-Pfad im Rothaargebirge.

#TierSafari #Wisent #WandernaufdemRothaarsteig

Achtung, freilaufende Wisente!

→ IM HERZEN …

Knapp 500 Meter hoch liegt der Parkplatz am Sonnenhof in Aue-Wingeshausen, dem Startpunkt der Tour auf dem Wisent-Pfad. Die schmalen Wege winden sich durch das Rohrbachtal bis zur rund sechs Kilometer entfernten Wisent-Wildnis. Hier kann man die Tour unterbrechen und auf dem Erlebnisweg durch das Wildgehege im Rothaarpark wandern, wo es ebenfalls eine Wisent-Herde gibt. Der Erlebnisweg schlängelt sich über Bachläufe, durch einen Dachsbau und über Felsformationen – ein bisschen muss man sich schon anstrengen, um die (übrigens kostenpflichtige) Strecke zu meistern.

Weiter geht es in Richtung des Schmallenberger Ortsteils Jagdhaus, vorbei an der Mondscheinbank. Die Wisente sind in Wittgenstein

In den Buchenwäldern des Nationalparks leben Uhus, Wildkatzen, Rothirsche und andere Wildtiere.

in freier Wildbahn unterwegs. Die tierischen Paten des Wanderwegs streifen dank eines für Westeuropa einzigartigen Naturschutzprojekts seit 2013 durchs Rothaargebirge und durch die Wälder der Fürstenfamilie zu Sayn-Wittgenstein-Berleburg. Das macht die rund 13 Kilometer lange Rundtour so besonders, denn hinter jeder Kurve könnte man auf die europäischen Bisons treffen.

Wer das Glück einer Begegnung hat, sollte daran denken, dass dabei kaum Risiken für Wanderer bestehen. Wichtig ist vor allem, auf Abstand zu bleiben und den Wisenten keinesfalls den Rücken zuzudrehen. Sollten sich die Tiere doch nähern, laut rufen oder pfeifen. Bei Drohgebärden seitens der Riesen, wie Zähne klappern oder Kopf senken, langsam zurückweichen. Hunde müssen natürlich an die Leine. Auf Schildern werden die Verhaltensregeln vor Ort ebenfalls erklärt.

Konzentriert und aufmerksam geht es weiter durch den Wald, bis man den Grenzweg kreuzt, wo ein Stück auf dem Rothaarsteig

---

On the Road: Erster Halt ist Wingeshausen. Von dort sind es gut 27 km Fahrtstrecke zum Nachtlager in Winterberg. Wer noch nach Freudenberg möchte, plant weitere 50 km ein.

Beste Zeit: Von Frühjahr bis Herbst.

Dauer & Strecke: 1 Wochenende; der Rundwanderweg Wisent-Pfad ist 13 km lang, mit einer Gehzeit von 3 bis 4 Std.

Ausrüstung: Wanderschuhe, Fernglas und Geduld.

Wenn es Nacht wird: Mitten im Sauerland und in Winterberg liegt der Wohnmobilpark. Infos unter www.wohnmobilpark-winterberg.de

---

Die Fachwerkhäuser in und um Freudenberg sind beliebte Instagram-Hotspots.

gewandert wird, dem knapp 157 Kilometer langen Fernwanderweg. In Jagdhaus kann man die müden Füße beim Kneippen erfrischen – munter und doch irgendwie angespannt marschiert man anschließend weiter. Lassen sich vielleicht noch ein paar Tiere blicken? In der Mitte der Ortschaft Jagdhaus zweigt die Route nach Wingeshausen ab. Das malerische Tal des Ihrigebachs öffnet sich vor den Wanderern, die weniger die herrliche Natur betrachten als vielmehr nach braunen Punkten Ausschau halten. Schon führt der Weg weiter ins Bockeshorntal, vorbei am Forellenhof, der links liegen bleibt, denn die Tiere wollen sich einfach nicht zeigen. Von hier sind es nur noch wenige Kilometer bis nach Wingeshausen zurück – die letzte Chance auf eine Wisent-Begegnung.

Tipp: Wenn man schon in der Region unterwegs ist, bietet sich ein Stopp im nicht allzu weit entfernten Freudenberg an. Der Ort hat einen weltbekannten Aussichtsblick, und zwar über den »Alten Flecken« mit mehr als 80 schwarz-weißen Fachwerkäusern.

FAZIT: AUF WISENTSAFARI IM SCHÖNEN ROTHAARGEBIRGE – MEHR TIERISCHE SPANNUNG AN EINEM WOCHENENDE GEHT EIGENTLICH KAUM.

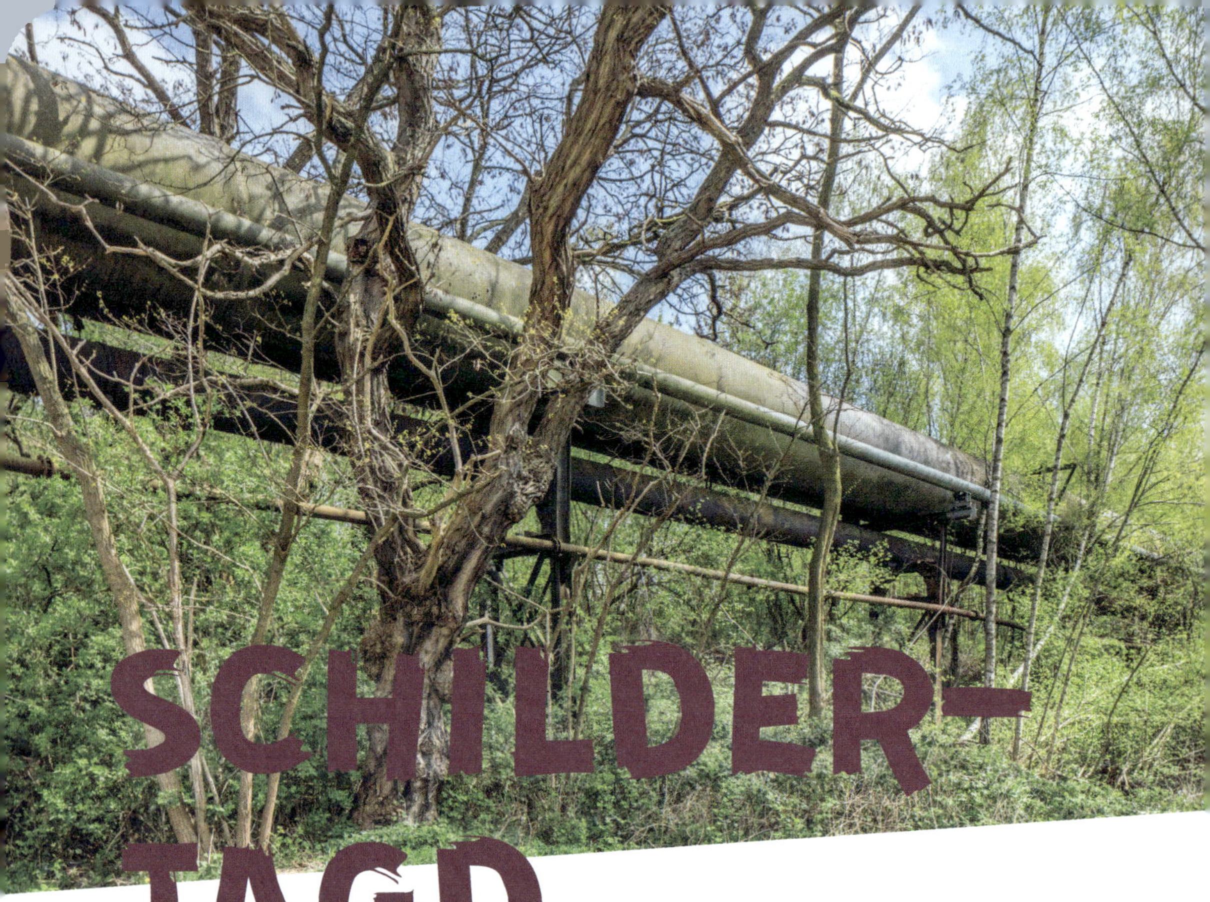

SCHILDER-JAGD

… durchs Ruhrgebiet

#30

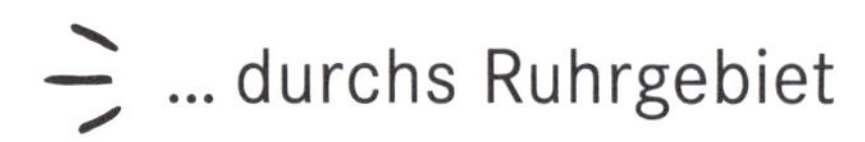

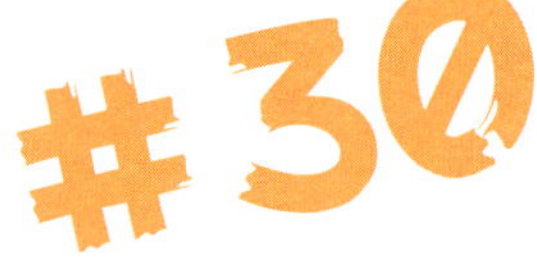

Essen, Gelsenkirchen, Dortmund: Auf den Spuren von Kohle und Stahl geht es durch einen erstaunlich grünen »Kohlenpott«, und zwar auf der Route Industriekultur. Dabei stößt man auf ganz unterschiedliche Zeitzeugen und Denkmale.

#Roadtrip #Industriekultur #grüneSeitedesPotts #ZecheZollverein

Die Tour führt durchs Ruhrgebiet, vorbei an den Perlen der Industriekultur.

→ IM HERZEN …

Die Route Industriekultur verläuft etwa 400 Kilometer rund um Duisburg, Essen und Dortmund und führt zu Überbleibseln alter Hochöfen, Zechen und Kokereien. Die 26 ausgewiesenen Orte der Route sind Meilensteine vergangener Zeiten und prägen die Region bis heute (www.route-industriekultur.ruhr). Fußballliebe und Trinkhallenkult haben ihre Wurzeln ebenfalls in der Zeit, als dicker Qualm aus den Öfen strömte.

Auf dem Weg zur Villa Hügel wird an einer Trinkhalle gehalten. Es gibt Fiege, Stauder und Bergmann, heimische Braukunst, und Zeitungen, Magazine und Süßigkeiten füllen Ständer und Regale. Mit einem Kaffee ist es heute aber getan. Zurück im Wohnmobil geht die Suche nach den braunen Schildern mit der Aufschrift Route Industriekultur weiter. Ein schmales, gewundenes Sträßchen führt zur ehemaligen Krupp-Villa hinunter.

Die Villa Hügel, wie das Wohnhaus der Unternehmerfamilie auch genannt wird, liegt im Essener Stadtteil Bredeney. Mit ihren 269 Räumen und der parkähnlichen Umgebung ist sie ein Symbol des Zeitalters der Industrialisierung Deutschlands. Eine Dauerausstellung im »Kleinen Haus« informiert über die Geschichte der Familie und des Unternehmens. Nach einem Spaziergang im Park mit Blick auf den Baldeneysee geht es zurück in den Camper und weiter zur 15 Kilometer entfernten Zeche Zollverein.

Die Zeche Zollverein, einst die größte Steinkohlezeche der Welt, gilt zumindest noch immer als die schönste und wird auch »Eiffelturm des Ruhrgebiets« genannt (links).

Schon von Weitem sieht man das Fördergerüst in den Himmel ragen. Zwar gab es rund 100 Kohlebergwerke im Ruhrgebiet, aber die Zeche Zollverein ist ein heute noch komplett erhaltenes Werk, das seit 2001 zum UNESCO-Weltkulturerbe gehört. Sie galt als modernste Bergwerksanlage ihrer Zeit und ist für viele die schönste Zeche der Welt. Als Wahrzeichen des alten wie des neuen Ruhrgebiets ist die Zeche Zollverein das wahrscheinlich eindringlichste Sinnbild für den Strukturwandel – von einer gewachsenen Bergbauregion bis hin zur modernen Metropole, in einem der größten Ballungsräume Europas.

Nach einer Tour über die Anlage ist es Zeit, nach einem Stellplatz zu schauen – kaum zehn Minuten später steht der Camper in Gelsenkirchen beim Gesundheitspark Nienhausen und fast im Grünen.

40 Kilometer fährt man am folgenden Tag nach Dortmund, wo sich mehrere Kokereien aus den 1920er-Jahren befinden. Die Zentralkokerei Hansa von 1928, Teil eines Produktionsverbundes von Bergwerk, Kokerei und Hüttenwerk, ist heute noch erhalten. Als »begehbare Großskulptur« gewährt sie Einblicke in die Vergangenheit. Der Erlebnispfad führt auch durch die imposante Kompressorenhalle und den Kohlenturm und zurück in die Hochzeit des Ruhrgebiets.

On the Road: Knapp 40 km Fahrtstrecke sind es von Essen über Gelsenkirchen nach Dortmund, auf der Route der Industriekultur.

Beste Zeit: Ganzjährig möglich.

Dauer & Strecke: 2 Tage; die Tour durch die Zeche Zollverein ist 4 km lang und kostenlos, lässt sich aber auch ganz individuell gestalten (www.zollverein.de). Auch die Begehung der Kokerei Hansa ist kostenlos, mehr zu Führungen unter www.industriedenkmal-stiftung.de

Ausrüstung: Lust auf Vergangenes.

Wenn es Nacht wird: Ruhig, grün und ganzjährig geöffnet ist der Stellplatz am Gesundheitspark Nienhausen in Gelsenkirchen (www.nienhausen.de).

FAZIT: EIN ROADTRIP AUF DEN SPUREN DER INDUSTRIEKULTUR.

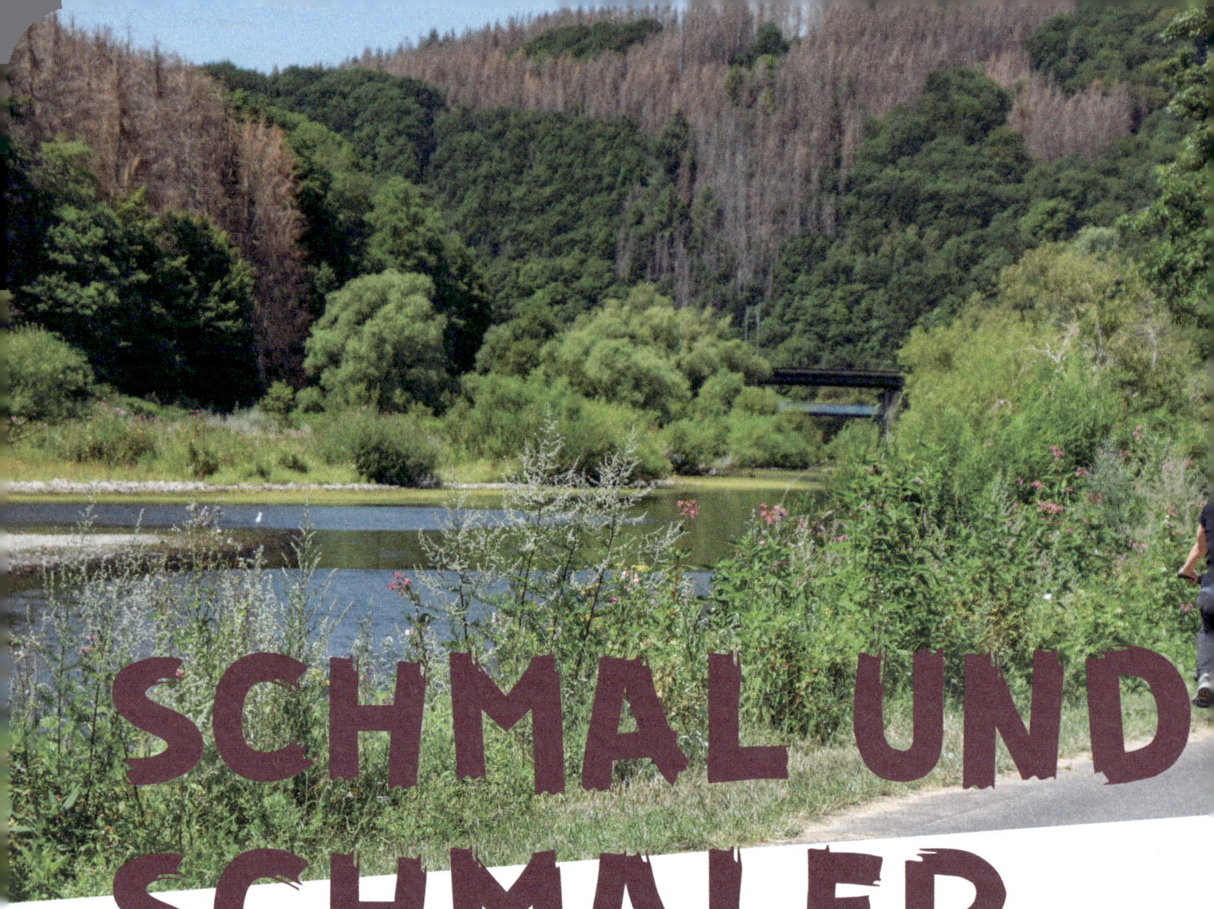

SCHMAL UND SCHMALER

... auf dem Natursteig Sieg

#31

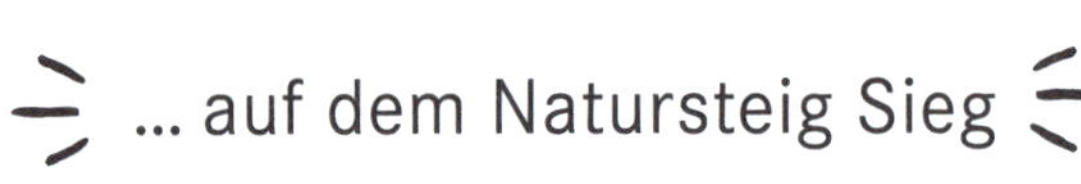

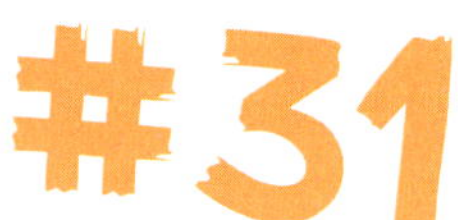

Abenteuer-Feeling beim Wandern auf verschlungenen Pfaden – die Furchen schlängeln sich durch leuchtend grüne Farnwälder, über Wiesen und durch Wälder, die fast zugewachsen sind. Beim Wandern blickt man immer wieder aufs Wasser der Sieg.

#wildesWandern #abenteuerlichunterwegs #andenUfernderSieg #AufundAb

→ IM HERZEN…

So viele Menschen bekommen die beiden Kühe nicht zu sehen.

Eigentlich wäre das erste Ziel des Wochenendausflugs der Stellplatz in Dreisel, direkt am Ufer der Sieg, versteckt in einem kleinen Ortsteil von Windeck. Drei Plätze sind hier für Mobilisten reserviert – diese sind allerdings in der Regel belegt. Also stattdessen weiter nach Dattenfeld auf den Campingplatz. Hier geht es über die Brücke und einen Hang hinauf – die 15 Prozent Steigung fordern das Reisemobil. Geschafft! Viel Wald und ein paar Dauercamper, ansonsten Stille. Bis am nächsten Morgen die aggressiven Töne der Motorsägen die Ruhe durchdringen. Das sei wohl immer so, erzählt der Campingwart. Die Trockenheit und die Borkenkäfer machen den Fichten im Rhein-Sieg-Kreis den Garaus – die abgestorbenen, braunen Flächen sind hier nicht mehr zu übersehen.

In Herchen am Bahnhof startet dann die Wanderung, die auch die sechste Etappe des Natursteig ist, der sich auf knapp 200 Kilometern durch Nordrhein-Westfalen und Rheinland-Pfalz zieht. Diese Etappe ist eine

Der Campingplatz Dattenfeld ist ein idealer Ausgangspunkt für Rad- und Wandertouren.

Rundtour um Herchen. Durch den Wald verläuft der Weg oberhalb der Ortschaft. Immer wieder Endzeitstimmung – die braunen Nadeln hängen leblos an den Fichten herab. Ein Stückchen weiter hat der Wind eine Schneise durch den Wald geschlagen. Hier ist Drüberklettern angesagt. Dann wird es grüner und grüner, und schließlich muss man im dichten Farnwald schon genau hinschauen, um den Weg nicht aus den Augen zu verlieren. Wiesen und Obstbäume säumen den Weg, der mit einem blauen Wasserlauf ausgeschildert ist. Immer wieder stellt sich die Frage, ob man lieber an den Dornen der Brombeeren oder an den Blättern der Brennnesseln vorbeistreift. Kaum erkennbar windet sich der Pfad durch die Landschaft.

Dann erheben sich die ersten Dächer von Stromberg. Hinab führt der Wanderweg zur Sieg, an deren Ufern jahrhundertealte Eichen stehen. Auch Kormorane gehen hier auf Fischfang und machen es sich in den Bäumen gemütlich. Über eine Brücke kommt man ins Na-

Die Fichten leiden besonders unter der Trockenheit.

turschutzgebiet Wälder auf dem Leuscheid, einem der größten Naturschutzgebiete im Kreis. Von hier verläuft der Weg durch Laubwald entlang des Kesselbachtals langsam, aber stetig hinauf.

On the Road: Weil es hier so schön ist, bleibt das Wohnmobil übers Wochenende auf dem Campingplatz Dattenfeld stehen.

Beste Zeit: Es sollte kein Schnee liegen!

Dauer & Strecke: Ein Wochenende; 18,3 km lang ist die Etappe 6 vom Bahnhof in Herchen und wieder zurück. Für die Tour mit ca. 620 Hm braucht man 4 Std. Die Radtour für den zweiten Tag durch Wälder und entlang der Sieg ist rund 28 km lang, Dauer 3 Std.

Ausrüstung: Wanderschuhe, Proviant, Fahrrad.

Wenn es Nacht wird: Ruhig und einladend ist der Campingplatz Dattenfeld, Zum Hochkreuz 5 in Windeck-Dattenfeld (www.camping-dattenfeld-sieg.de).

Ein Bächlein glitzert im Sonnenlicht. Es ist ein Auf und Ab, mal mit mehr, mal mit weniger Siegblick. Die zahlreichen Wasserläufe sind lebenswichtige Rückzugsräume für gefährdete Tierarten. Durch das enge Kesselbachtal gelangt man auf eine Bergkuppe mit einer über 1000 Jahre alten Ringwallanlage, und von hier weiter ins Igelsbachtal, bevor ein Anstieg zum Studchen ansteht. Lohn ist der neu gestaltete Rastplatz. Durch einen Laubwald erreicht man Herchen.

Die Radtour am zweiten Tag führt wieder durch wilde Wälder und entlang der Sieg. Die Strecke lädt immer wieder mit schönen Rastplätzen zum Verweilen ein.

FAZIT: DER NATURSTEIG MACHT SEINEM NAMEN ALLE EHRE.

WILDNIS TUT GUT

... im Nationalpark Eifel

#32

Natur ist gut für die Seele – je ungebändigter und ursprünglicher sie ist, desto besser. Eine Auszeit von der Zivilisation kann man sich im Nationalpark Eifel nehmen, zum Beispiel auf dem Wildnis-Trail. Abends lockt das Sternenkino direkt vor dem Wohnmobil.

#WildnisTrail #Nationalpark #Bannwald #amSternenhimmel #himmlischesKino

→ IM HERZEN …

Nichts als Wildnis, eine kurze Atempause für die Sinne. Auf dem Wildnis-Trail dominieren die Farben von Flora und Fauna und die Geräusche der Natur, etwa das Zwitschern der Vögel oder das Knacken von Ästen. In Deutschland gibt es Gebiete mit unterschiedlichen Schutzkategorien, in denen sich Wildnis erleben lässt. »Dazu gehören 16 Nationalparke, die Biosphärengebiete und über 100 Naturparks«, erklärt Michael Lammertz, Fachgebietsleiter Kommunikation und Naturerleben Nationalpark Eifel. Wie sagte schon Alexander von Humboldt: »Die Natur muss gefühlt werden.« Das geht am besten beim Wandern.

85 Kilometer, vier Etappen – das ist der Wildnis-Trail im Nationalpark Eifel. Zu viel für ein Wochenende, also geht es vom Nationalpark-Tor im Schleidener Stadtteil Gemünd gleich auf die dritte Etappe und rund 22 Kilometer nach Heimbach. Wer auf dem Wildnis-Trail unterwegs ist, der folgt dem skizzierten Wildkat-

Das Schutzgebiet ist seit 2014 ein International Dark Sky Park in Deutschland, ausgerufen von der International Dark Sky Association (IDA).

zenkopf. Der Nationalpark ist Teil der größten zusammenhängenden Wildkatzenpopulation Europas, die sich hier ohne Wiederansiedlung erhalten hat. Über den langgezogenen Höhenrücken läuft man durch ausgedehnte, uralte Buchenwälder, der entscheidende Grund für die Ausweisung als Nationalpark. Aber auch Trauben-Eiche, Sommer-Linde, Berg-Ahorn und Berg-Ulme spenden den Wanderern auf dem Weg Schatten.

Auf vielen Abschnitten wird die Natur sich selbst überlassen und das sieht man: Umgestürzte Bäume und Äste bleiben liegen und bilden neuen Lebensraum. Hier ist Wildnis gewünscht. Für eine Pause bietet sich die Abtei Mariawald an. Wer durch die Anlage des einzigen Trappistenklosters männlichen Zweiges schlendert, spürt die Ruhe und die Kraft.

Vom Bahnhof in Heimbach sind es knapp 20 Minuten nach Gemünd zurück und von dort nur noch ein paar Minuten zum Wohnmobilstellplatz am Ortsrand, von wo man nachts – mit etwas Glück – vorbeirauschende Meteoriten und Sternschnuppen entdecken kann. Sogar die Milchstraße lässt sich hier am Firmament erahnen.

Seit 2019 trägt der Nationalpark Eifel die Bezeichnung International Dark Sky Park und möchte als Nächstes als »Sternenregion« anerkannt werden. Die Bedingung dafür ist, dass in einem Radius von 15 Kilometern um den Nationalpark Maßnahmen gegen Lichtverschwendung und unnötige Lichtnutzung ergriffen werden. Wie wär's mit einem Sternemenü unterm funkelnden Himmel, beispielsweise mit einer leckeren Pasta (Rezept S. 232)?

In Monschau lohnt sich ein Bummel durch die charmante Altstadt.

Wer noch mehr über die nächtlichen Himmelsereignisse wissen möchte, fährt am nächsten Tag zur Sternwarte Vogelsang. Dort kann man regelmäßig in der Astronomie-Werkstatt Sterne ohne Grenzen an Veranstaltungen teilnehmen und Sternenwanderungen besuchen (www.sterne-ohne-grenzen.de).

Tipp: Noch Freizeit übrig? Dann lohnt sich ein Besuch der Narzissen-Felder bei Höfen oder ein Abstecher in die bekannte Kleinstadt Monschau, die durch ihr mittelalterliches Zentrum besticht.

FAZIT: SINNLICHES WOCHENENDE MIT WILDNIS-FEELING UND EINER GROßARTIGER HIMMELSKULISSE.

On the Road: Für die Nationalparktour kann der Camper auf dem Stellplatz in Gemünd stehen bleiben. Zur Sternwarte sind es 6 km, zu den Narzissen-Feldern bei Höfen 20 km und von Höfen weiter nach Monschau noch einmal rund 5 km.

Beste Zeit: Ganzjährig möglich, im April betören über sechs Millionen wilde Narzissen die Wanderer. Am Nationalpark-Tor Gemünd gibt's eine Rangertour mit Klosterbesuch (www.nationalpark-eifel.de).

Dauer & Strecke: Ein Wochenende: 22,4 km lang ist die dritte Etappe des Wildnis-Trails von Gemünd nach Heimbach. Dafür sollte man gut 6 Std. einplanen. Zurück geht es mit dem Zug nach Schleiden.

Ausrüstung: Wanderschuhe, Fernglas, bequemer Stuhl für den nächtlichen Blick in den Himmel.

Wenn es Nacht wird: Am Ortsrand von Gemünd gibt es einen Stellplatz für 40 Wohnmobile mit allem, was einen Camper glücklich macht, inklusive Brötchenservice (www.womo-nationalpark-eifel.eu)

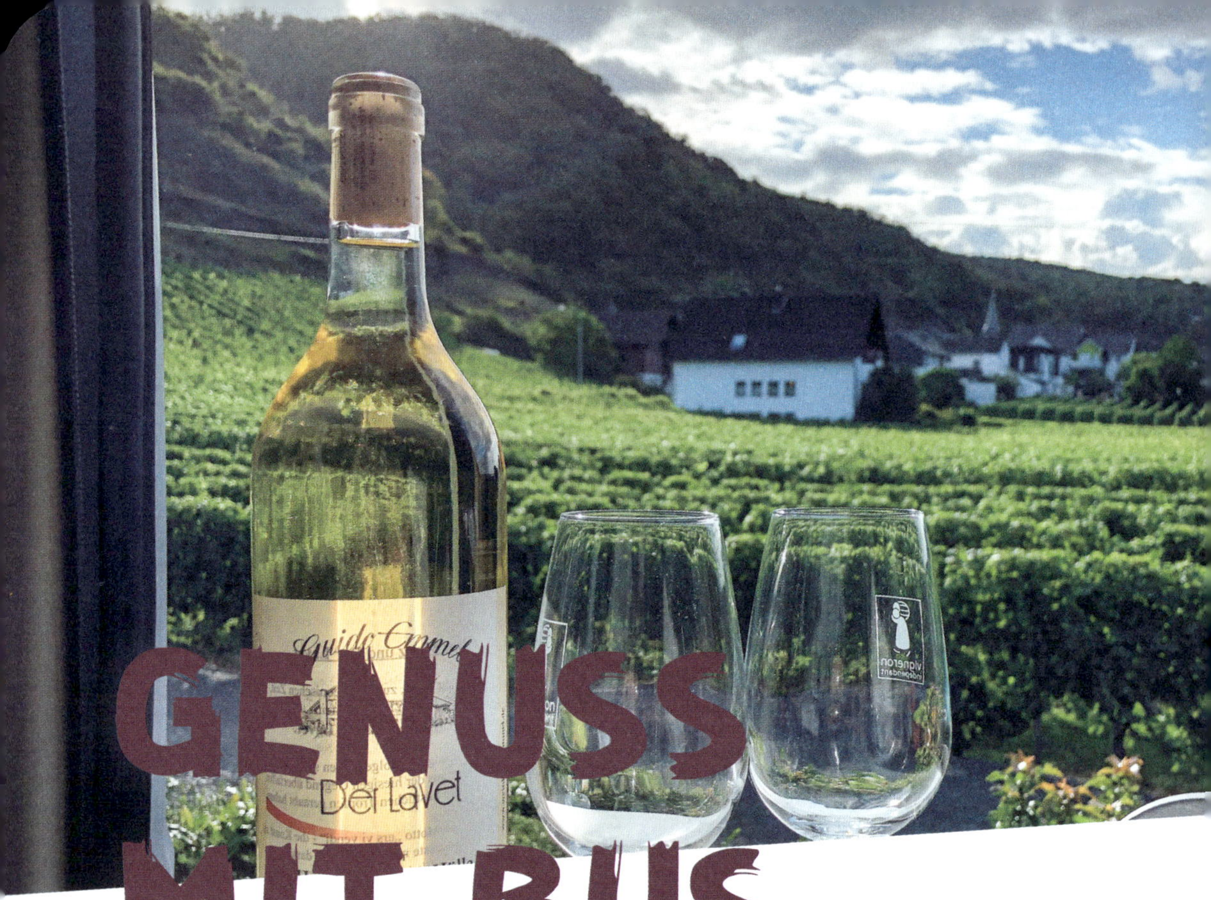

GENUSS MIT BUS

... am Mittelrhein

#33

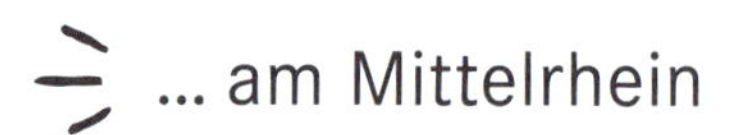

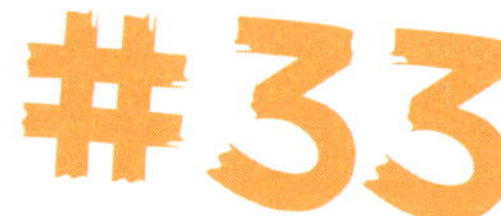

Rhein und Wein erleben, das geht entlang des längsten Flusses in Deutschland ganz einfach: an den Weingütern zwischen Hammerstein und Bad Honnef halten, probieren und stehen bleiben. Neben grünen Hängen mit knorrigen Reben säumen Burgen und Schlösser die Strecke.

 #GenussamFluss #Rheinromantik #unterwegsamMittelrhein

Die Weintrauben sehen aus wie gemalt.

Von der Terrasse des Weinhotels Emmel in Hammerstein hat man die Reben im Blick. Besonders schön ist es hier, wenn sich die Dämmerung über die Hügel senkt und die Kerzen auf den Tischen flackern. Mitten im Weinanbaugebiet Mittelrhein steht der Betrieb, der sich seit 1785 in Familienhand befindet, mittlerweile in der siebten Generation.

Geprägt durch das milde Klima des engen Rheintals wachsen hier qualitativ hochwertige Weiß- und Rotweine. Der erste Schluck Wein schmeckt nach mehr. Guido Emmel plaudert mit seinen Gästen über den Weinanbau, seine Herausforderungen und übers Brotbacken. Frisch gebackenes Brot gibt es beispielsweise zum Käse aus der Region dazu.

In den Steillagen ist nur die Ernte von Hand möglich, und die ist mühsam. Weinbau bedeutet, mit der Natur zusammenzuarbeiten und Schädlinge, Unwetter und den Klimawandel anzunehmen. Auch Guido Emmel versucht sich diesen Gegebenheiten anzupassen. Nach getaner Arbeit schwenkt er abends genussvoll sein Glas – ganz locker aus dem Handgelenk.

So riecht der Weinbauer das Aroma intensiver. Er weiß, dass jeder Gast etwas anderes wahrnimmt: die einen Aprikose, die anderen Zitrone oder Grapefruit. Ganz egal, Hauptsache, es schmeckt!

Bei den weißen Reben sind hier Riesling, Müller-Thurgau, Silvaner und Grauburgunder beliebt; bei den Rotweinen gibt es vor allem Dornfelder, Spätburgunder und Blauer Portugieser. Wie praktisch, dass der Camper direkt

Moselwein aus der Steillage ist beliebt (links). Das Kirchlein St. Georg in Hammerstein ist einen Abstecher wert (rechts).

auf dem Parkplatz vor dem Weingut steht und dort über Nacht bleiben kann.

Am nächsten Morgen wartet ein Abstecher zur örtlichen Kirche. Im Turm der Pfarrkirche St. Georg befindet sich das einzige romanische Doppelgeläut Deutschlands. Die beiden alten Glocken haben keine Inschrift, sind aber wohl aus der Zeit um 1200. Danach geht es zurück auf die Straße und den Rhein entlang nach Norden. Das Wasser bahnt sich seinen Weg durchs enge Flusstal, links und rechts Weinberge, gekrönt von hübschen Burgen, Ruinen und Kirchen.

Im Mittelrheintal legten bereits die Römer die ersten Rebgärten an. Entlang der Strecke verweisen immer wieder Schilder auf die Weingüter und andere Sehenswürdigkeiten. Es gibt auch immer wieder Steillagen, an denen der Wein auf schmalen Terrassen angebaut wird, oft mit niedrigem Ertrag, aber einer besonders guten Qualität.

Außerhalb von Bad Honnef befindet sich der Parkplatz am Himberger See 22, wo der Caravan bleibt. Mit dem Fahrrad geht es wieder hinein nach Bad Honnef und an den Rhein. Eine Flasche Wein gibt es vom örtlichen Weingut Broel – die schmeckt, mit der Avocado-Pasta vor dem Wohnmobil sitzend, besonders lecker (Rezept S. 233).

Tipp: Immer wieder gehen Fähren, die auch Wohnmobile übersetzen, vom rechten ans linke Rheinufer, etwa in Bad Honnef (www.faehre-honnef.de).

FAZIT: DER GENUSS STEHT HIER AN ERSTER STELLE.

On the Road: Rund 25 km Fahrtstrecke sind es von Hammerstein nach Bad Honnef. Auf der Strecke laden kleine Dörfchen, Burgen und Weingüter zum Pausieren ein.

Beste Zeit: Am schönsten ist es am Mittelrhein im Herbst, wenn die Weinfeste stattfinden.

Dauer & Strecke: 2 bis 3 Tage; die Radtour von Himberg nach Bad Honnef ist 10 km lang und dauert 1,5 Std.

Ausrüstung: Fahrrad, Weinglas.

Wenn es Nacht wird: Parkplatz vom Weinhotel Emmel, Markenweg 23, 56598 Hammerstein (www.weinhotel-emmel.de); in der Nähe von Bad Honnef am See Am Himberger See 22, 53604 Bad Honnef, der Stellplatz ist auf www.meinwomo.net gelistet.

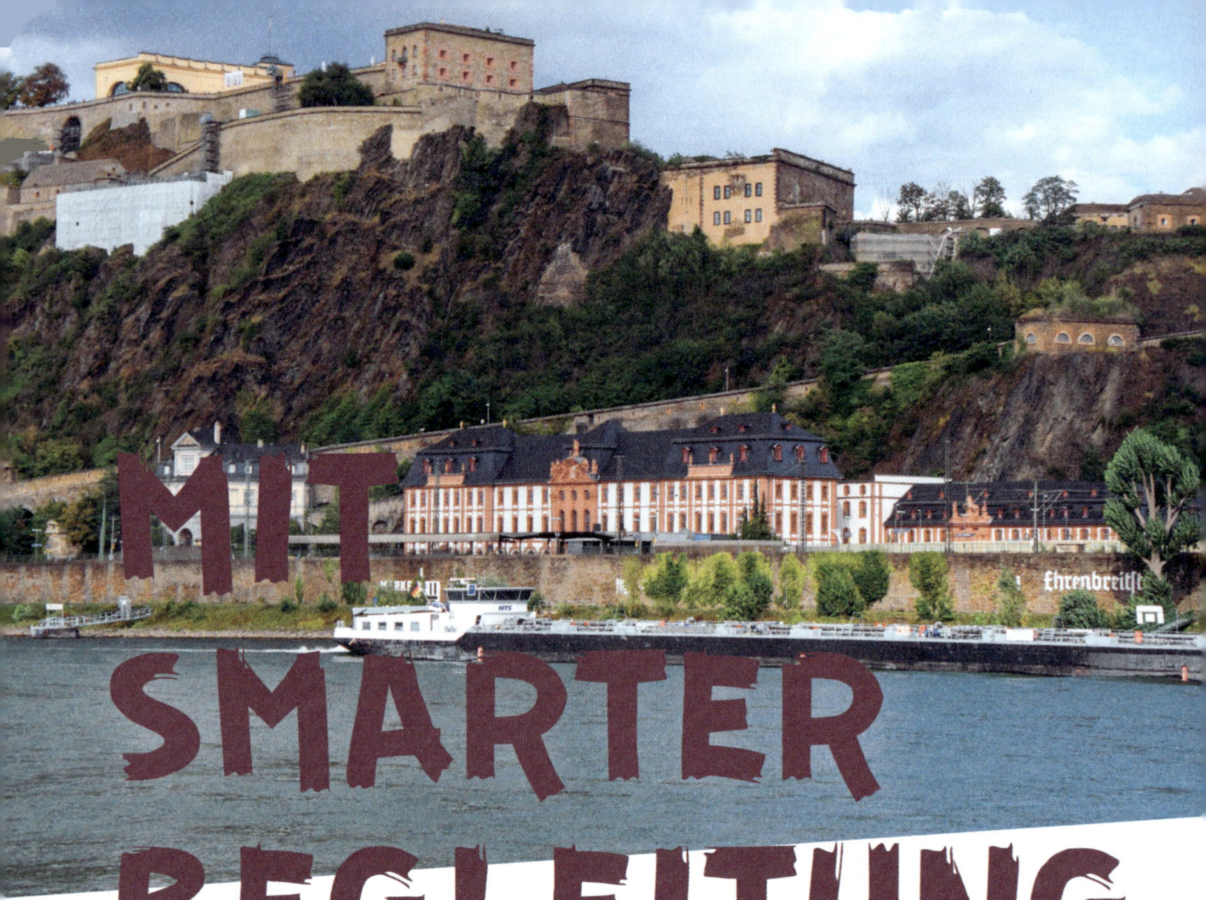

MIT SMARTER BEGLEITUNG

... durch Koblenz

#34

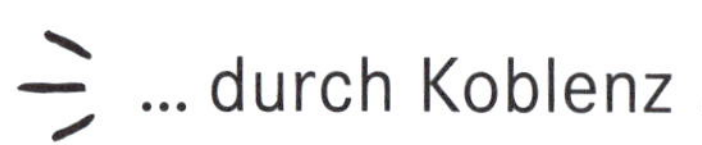

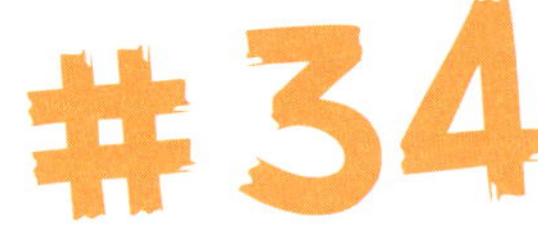

Koblenz ist die einzige Stadt, die an den beiden Flüssen Rhein und Mosel liegt. Gleich vier Mittelgebirge – Eifel, Westerwald, Hunsrück und Taunus – umgeben sie. Von der Festung Ehrenbreitstein wird auf die romantische Altstadt draufgeschaut.

#einWochenendeRomantik #zurückindieVergangenheit #FlussimFluss

Abends ist die Stimmung oben – auf der Festung Ehrenbreitstein – besonders schön.

→ IM HERZEN …

Der KNAUS Campingpark liegt direkt gegenüber vom Deutschen Eck, nur getrennt durch den je nach Wasserstand träge oder machtvoll dahinfließenden Rhein. Das Denkmal von Kaiser Wilhelm, das seit 1897 quasi über den Zusammenfluss von Rhein und Mosel wacht, sieht man auch vom Stellplatz aus. Vor dem Reiterstandbild flattert eine deutsche Flagge im Wind. Die Personenfähre bringt die Camper vom Platz an die Promenade beim Denkmal. Die kostenlose Koblenz App liefert Informationen beim Rundgang durch die Stadt und verweist unter dem Stichwort »Deutsches Eck« aufs Mittelrhein-Museum, wo das Original des Kopfes des im Zweiten Weltkrieg zerstörten Denkmals zu sehen ist. Über die Rheinanlagen entlang des Konrad-Adenauer-Ufers kommt man auch zum Pegelhaus. In dem ehemaligen Rheinkran, erbaut im 17. Jahrhundert, ist ein kleines Restaurant untergebracht. Rechts ne-

ben dem Eingang sind die Hochwasserstände vergangener Überflutungen festgehalten – ein interessanter Blick in die Vergangenheit.

Weiter geht es am Wasser entlang zum Kurfürstlichen Schloss, einem der bedeutendsten Schlossbauten des französischen Frühklassizismus in Deutschland. Royales Ambiente gibt es zum Kaffee im Grand Café des Schlosses. Über den Deinhard- und Münzplatz, Letzterer mit dem historischen Münzmeisterhaus von 1763, erreicht man die Altstadt. Gut sichtbar

Vom Rhein-Mosel-Blick aus erkennt man Hunsrück, Eifel, Taunus und Westerwald.

sind die Türme der Basilika St. Kastor, auch Kastorkirche genannt. Sie ist das älteste erhaltene Kirchenbauwerk der Stadt und steht an der Landspitze zwischen Rhein und Mosel.

Nur wenige hundert Meter entfernt fährt die Seilbahn (Fahrtzeiten unter www.seilbahn-koblenz.de) hinauf zum Bergsporn Ehrenbreitstein. Spektakulär ist der Blick aus den Kabinen über das UNESCO-Welterbe Oberes Rheintal, auf die Stadt und die beiden Flüsse, die hier zusammenfließen. Die Festung Ehrenbreitstein ist der Mittelpunkt eines die Stadt umspannenden Festungssystems. Sie wurde auf den Trümmern einer alten Anlage gebaut und trotzt seit 1801 allen Angriffen. In Anlehnung an die Geschichte der Anlage ist im Festungspark ein sogenanntes freies Schussfeld angelegt worden und die Wegeführung folgt den unterirdischen Minengängen.

Die mehrstöckige barrierefrei erschlossene Aussichtsplattform Rhein-Mosel-Blick bietet ebenfalls eine grandiose Aussicht ins Umland: Linksrheinisch liegen Hunsrück und Eifel, rechtsrheinisch Taunus und Westerwald.

Wen es in die Natur zieht, der begibt sich am nächsten Morgen auf die schöne Schlussetappe des Moselsteigs, der sich von Cochem auf 365 Kilometern bis nach Koblenz schlängelt. Von Koblenz braucht die Regionalbahn knapp 30 Minuten nach Winningen. Durch Weinberge und über den Hexenhügel geht es auf dem Panoramaweg rund 15 Kilometer zurück nach Koblenz.

FAZIT: DAS BESTE VON STADT, LANDSCHAFT UND FLUSS.

On the Road: Mit der Fähre bei Bedarf auf die andere Rheinseite übersetzen, dann wird der Camper im Campingpark abgestellt; weiter geht's zu Fuß.

Beste Zeit: Ganzjährig möglich.

Dauer & Strecke: Ein Wochenende. Die Tour mit Erklärungen der Koblenz App (www.koblenz-touristik.de) verläuft ganz nach Belieben durch die Altstadt. Für die letzte Etappe des Moselsteigs fährt man mit der Regionalbahn vom Bahnhof Koblenz nach Winningen und wandert in 3 bis 4 Std. die 15 km zurück.

Ausrüstung: Bequeme Stadtschuhe sowie Wanderschuhe.

Wenn es Nacht wird: Der KNAUS Campingpark Koblenz/Rhein-Mosel ist ganzjährig geöffnet und besticht durch seine Lage (www.knauscamp.de/koblenz).

---

3. KAPITEL IM SÜDEN

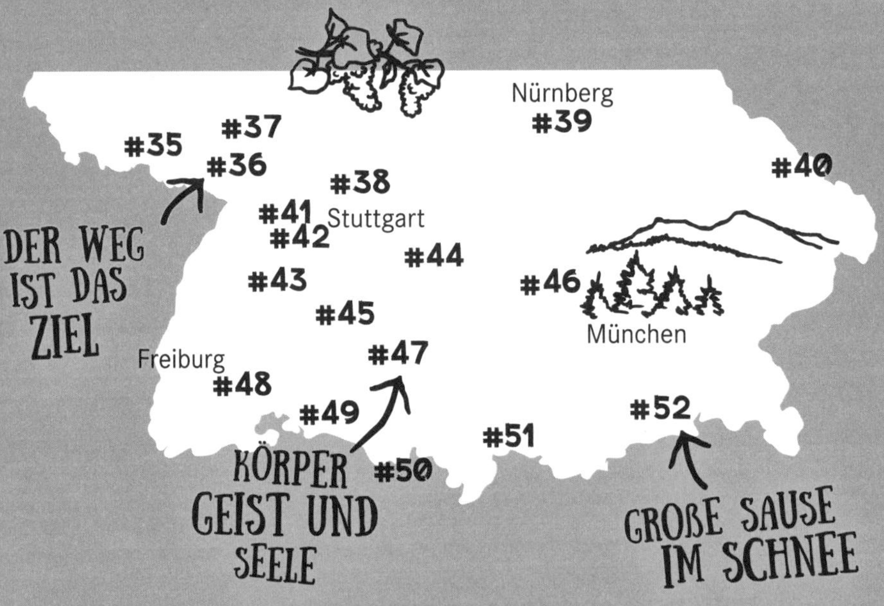

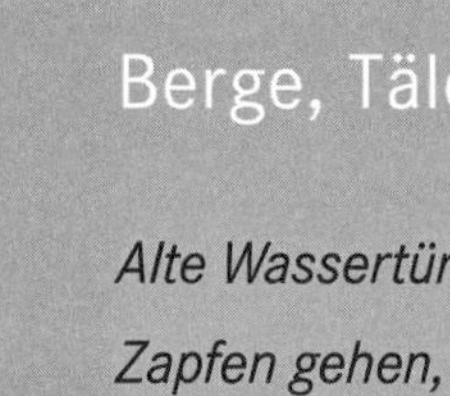

Berge, Täler und Seen

Alte Wassertürme entdecken, über Moos, Wiesen und Zapfen gehen, Berge hoch- und runterlaufen und an Flüssen und Seen entlangradeln – kleine Auszeiten mit großen Abenteuern.

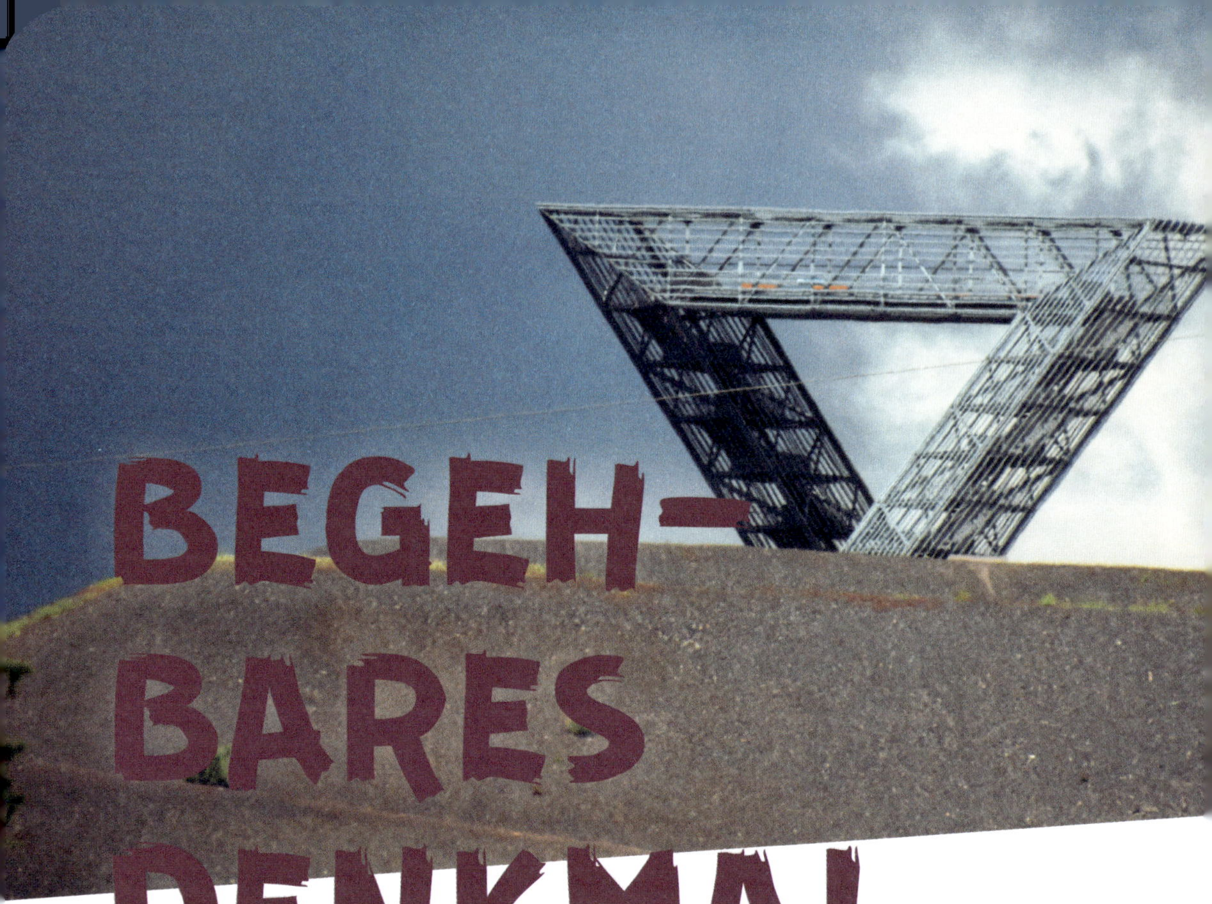

BEGEHBARES DENKMAL

... im Saarland

#35

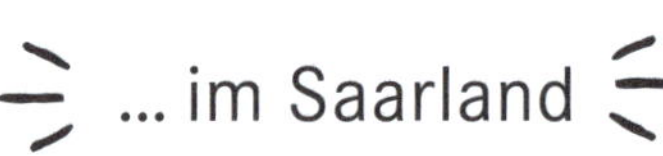

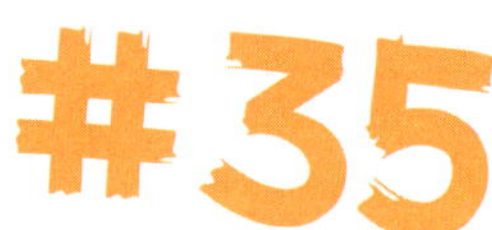

Mit dem Fahrrad auf den »Monte Schlacko«, wie die Halde Duhamel auch genannt wird. Der 150 Meter hohe künstliche Berg bei Ensdorf ragt als kahler Rücken aus der flachen Lisdorfer Aue, gekrönt von einem knapp 30 Meter hohen Monument aus Stahl – dem Saarpolygon.

#Perspektivwechsel #Industriedenkmal #Saarpolygon #RadtourmitAdebar

Der Wassergarten umgibt das ehemalige Bergwerk Reden.

Bei der gemütlichen Anfahrt durch die Pfalz – über die B10, vorbei an pittoresken Winzer-Dörfern, grünen Hängen voller Reben, Burgruinen und schroffen Felsen – kommt Urlaubs-Feeling auf. Bald ist auch das kleine Bundesland erreicht, übrigens das einzige in Deutschland, das an den Gymnasien Französisch als Pflichtsprache unterrichtet. Auch wenn das Ausland nur einen Katzensprung entfernt ist, steht heute Ensdorf als Ziel im Navigationssystem. Schon von Weitem sieht man die Landmarke, die das Sonnenlicht reflektiert. Je nach Blickwinkel ähnelt das Saarpolygon einem Tor, das in eine Zukunft ohne Bergbau führt, oder einem Schlaghammer: Das Werkzeug erinnert an die Blütezeit des Steinkohleabbaus im Saarland.

Hier gibt es viele Berghalden. Als grüne Hügel fallen sie in der Landschaft kaum auf. Der riesige Abraum der Halde Duhamel ist dagegen im oberen Bereich karg, fast wüst – ein sichtbarer Zeitzeuge der Bergbaugeschichte, die hier in der ersten Hälfte des 18. Jahrhunderts begonnen hat. Viel Platz für Wohnmobile gibt es auf dem Parkplatz beim Sportzentrum.

Neugierig auf das begehbare Polygon, geht es jetzt auf die Räder. Tief über den Lenker gebeugt, kämpft man sich Meter um Meter die knapp zwei Kilometer hinauf. Ein wenig überrascht werden die Radler von dem kleinen Weinberg, der plötzlich nach einer Kehre auftaucht. Die genau 99 Rebstöcke, so viele dürfen hier nämlich maximal in einem Hobby-Weingarten stehen, unterstützen die Begrünung der Halde im unteren Bereich. Rund 300 Flaschen »Ensdorfer Sonnenflöz« werden jährlich abgefüllt.

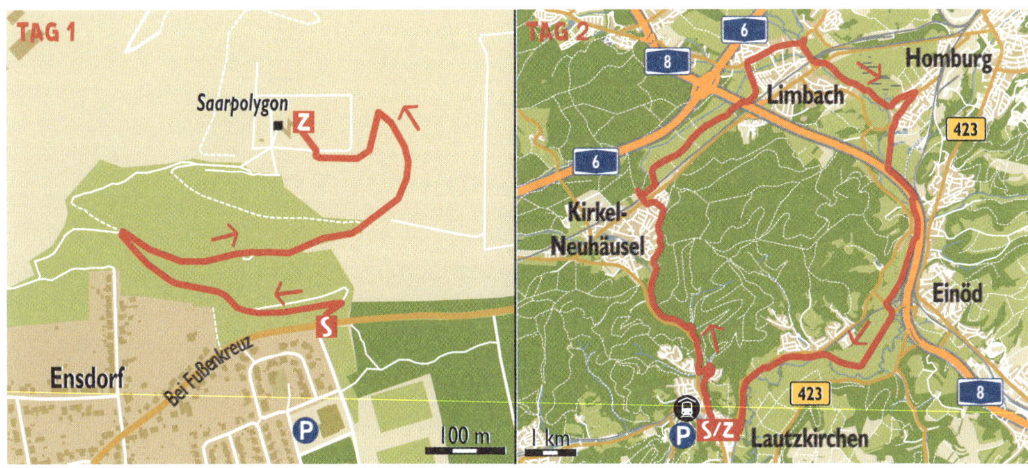

Störche, Seerosen und Kneippen auf der Adabar-Radrunde. Im Grünen steht man auch auf dem Stellplatz beim Bad »das blau« (rechts unten).

Danach steigt die Strecke steil an und es geht durch eine Art Mondlandschaft weiter nach oben – Stein für Stein, Lore für Lore aus dem Abraum der Steinkohle geschaffen. Wenn die letzte Kurve geschafft ist, ist der Blick frei auf das Denkmal. Aufgesetzt auf die schwarze Ebene steht es da: ein riesiges, begehbares Stahlkonstrukt, das die Berliner Architekten Katja Pfeiffer und Oliver Sachse entworfen haben. Mit jedem Perspektivenwechsel scheint sich die Form des Vielecks zu ändern, das aber immer standhaft und erhaben wirkt.

Auf dem Gang durch die Skulptur liegt dem Betrachter das Saartal zu Füßen, wo sich der Fluss gemächlich dahinwindet: im Westen französische Windräder und in der Ferne der »weiße Rauch« vom Kraftwerk Weiher. Nach einem Picknick mit Weitblick rollen die Räder wie von selbst nach unten.

On the Road: Von Ensdorf über Schiffsweiler (Erlebnisort Reden) und weiter nach St. Ingbert sind es mit dem Camper 40 km. Von St. Ingbert nach Lautzkirchen sind es weitere 20 km.

Beste Zeit: Immer bei Radfahrwetter.

Dauer & Strecke: 2-3 Tage; steile 2 km und gut eine halbe Stunde sind es auf die Halde Duhamel (www.bergbauerbesaar.de). 24 km lang ist die Adebar-Tour mit Start in Lautzkirchen, für die man gut 4 Std. benötigt.

Ausrüstung: Fahrrad und Proviant fürs Picknick.

Wenn es Nacht wird: Gebührenfreier Stellplatz im Grünen beim Bad »das blau« in St. Ingbert. Am Platz: Frischwasser, Entsorgung Grauwasser, Entsorgung Chemie-WC, Hunde erlaubt. In der Nähe: Sauna- und Wellness. Der Stellplatz ist auch auf www.stellplatz.info gelistet.

In St. Ingbert gibt es einen sehr schönen Stellplatz im Grünen. Wer auf dem Weg dorthin noch Lust auf etwas mehr Industriekultur hat, stoppt einfach im Erlebnisort Reden und macht einen Spaziergang durch die Wassergärten bis zur Bergmanns Alm (www.erlebnisort-reden.de).

Rund 20 Kilometer von St. Ingbert startet am Folgetag die Adebar-Radrunde. Die Halbtagestour führt vom Bahnhof in Lautzkirchen über malerische Felder, vorbei an üppigen Streuobstwiesen, durch die idyllischen Bliesauen und das Kirkeler Bachtal mit der sehenswerten Kirkeler Burg.

FAZIT: INDUSTRIEKULTUR INMITTEN GRÜNER NATUR.

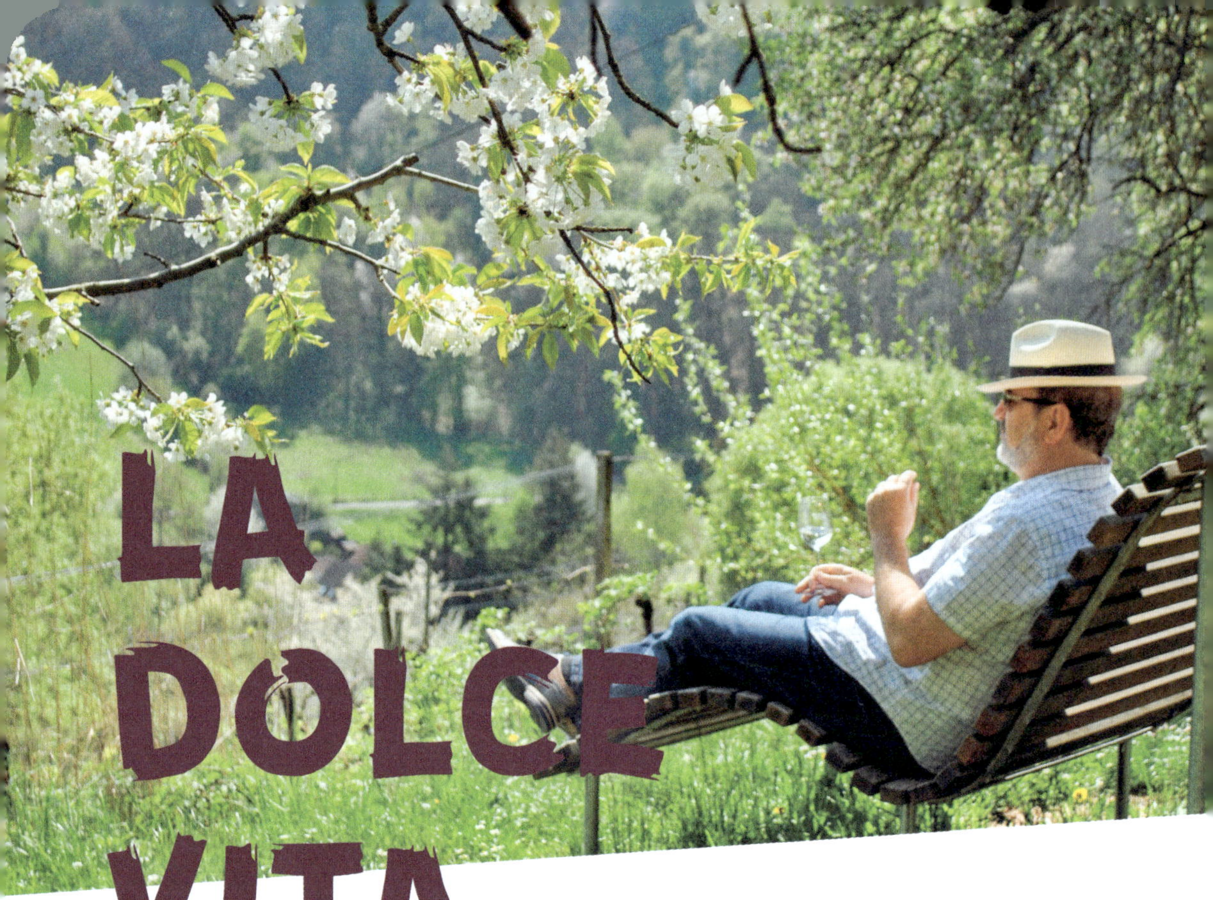

LA DOLCE VITA

... in der Pfalz

#36

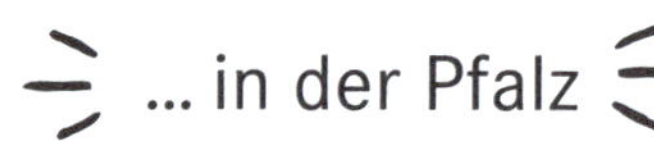

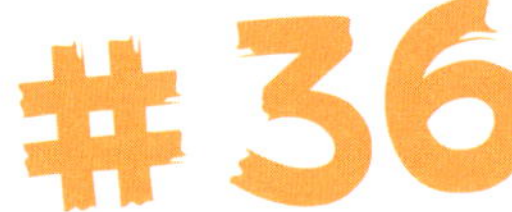

Alte Schlager im Ohr, blühende Mandelbäume im Blick und abends ein Glas Wein in der Hand – auf der Weinstraße geht es mit dem Wohnmobil durch die Süd-Pfalz, inklusive einer Wanderung durch den Pfälzer Wald.

#derWegistdasZiel #zumCruisen #Weinreise #Mandelblüte #sichtreibenlassen

Picknick unter blühenden Apfelbäumen

»Zwei kleine Italiener« spielt das Radio des Caravans, ein passender Titel für die Pfalz-Tour. Dann hält das Wohnmobil auch schon wieder. In der Pfalz dreht sich alles ein bisschen langsamer, und so geht es zum zweiten Frühstück rechts ab und in einen Feldweg. »Que sera, sera, whatever will be, will be«, das passt auch perfekt zu einem Tag in der Pfalz und zum Picknick unter den blühenden Obstbäumen. Ganz in der Nähe ist der Slevogthof. Das Anwesen lässt die Größe des ehemaligen Meierhofs aus dem 19. Jahrhundert zumindest erahnen. Hier lebte der Maler Max Slevogt 18 Jahre lang.

Über Eschbach – das Dorf mit den bunten Eselskulpturen – erreicht man Gleiszellen. In der Winzergasse rollt der Bus, gerade noch

so, durch die ziemlich schmalen Gassen und an den einladenden Höfen und Straußenwirtschaften vorbei. Die Dorfstraßen sind manchmal ganz schön eng. Der kleine Erholungsort hat dafür besonders schöne Fachwerkhäuser und romantische Weinlauben zu bieten, die auch die Pilger auf dem pfälzischen Teil des Jakobswegs schätzen.

Zwischen den schmucken Örtchen, die sich in der Süd-Pfalz aneinanderreihen wie Perlen an einer Kette, geht es von Aussicht zu Aussicht.

Paradies Pfalz: Hier wandert man dem Alltag einfach davon.

Die Straße schlängelt sich sanfte Hügel hinauf und hinab, eingerahmt von den Bergrücken des Pfälzer Waldes und von Anhöhen voller grüner Rebstöcke. Im zweitgrößten Weinanbaugebiet Deutschlands wächst auf den Böden vor allem Riesling – mittlerweile ist die Pfalz weltweit das größte Anbaugebiet für diese Sorte. Aber auch Weiß-, Grau- und Spätburgunder sind beliebte Trauben der Region. Den samtigen roten St. Laurent bewahrten die örtlichen Winzer sogar vor dem Aussterben.

Die Burgen und Ruinen auf der Strecke nach Schweigen zum Deutschen Weintor sind oft bewirtschaftet und locken mit deftigem Pfälzer Saumagen, Leberknödeln und Kraut. Das Deutsche Weintor markiert den südlichen Beginn der Weinstraße. 85 Kilometer entfernt in Bockenheim begrenzt das Haus der Deutschen Weinstraße ihr nördliches Ende. Übernachtet wird beim Weingut Cuntz bei Schweigen-Rechtenbach, natürlich mit Weinprobe. Im Ohr noch die Töne von »Wenn bei Capri die rote Sonne im Meer versinkt«.

Tipp: Ein längerer Stopp bietet sich gut 20 Kilometer vor Bad Bergzabern am Parkplatz Trifels an. Hier hießt es: Wanderschuhe schnüren, den Camper stehen lassen und gut acht Kilometer durch den Pfälzerwald wandern.

FAZIT: AUF DER DEUTSCHEN WEINSTRAßE IN DER PFALZ IST DER WEG DAS ZIEL – UND STOP AND GO GEHÖRT NATÜRLICH AUCH DAZU.

On the Road: Die Pfalztour ist gut 30 km lang und bietet genug Abwechslung für ein Wochenende.

Beste Zeit: Von Frühjahr bis Herbst, im April blühen die Mandelbäume.

Dauer & Strecke: Mindestens 2 Tage, denn auf der Strecke gibt es viel Sehenswertes – Pausen erwünscht! Die Wanderung von Trifels dauert gut 2,5 Std. und ist 8 km lang.

Ausrüstung: Lieblingsmusik zum Fahren, Picknickkorb zum Rasten.

Wenn es Nacht wird: Weinprobe bei Schweigen-Rechtenbach im Weingut (www.weingut-cuntz.de), wo auch übernachtet wird.

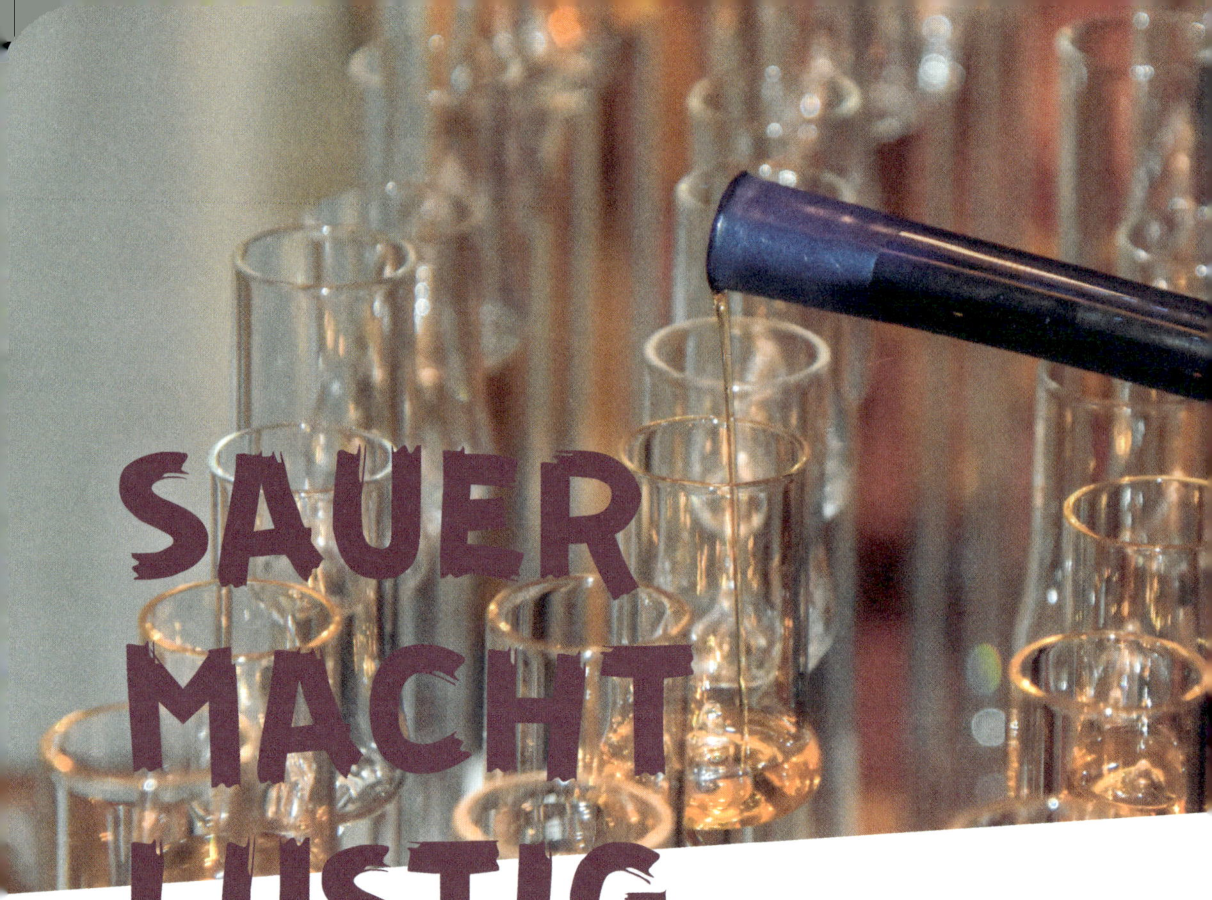

SAUER MACHT LUSTIG

… rund um Hambach

#37

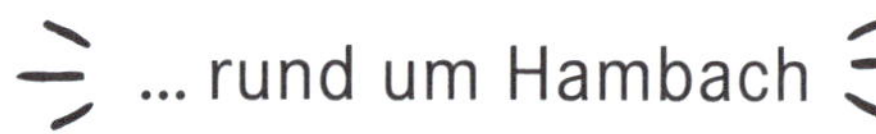

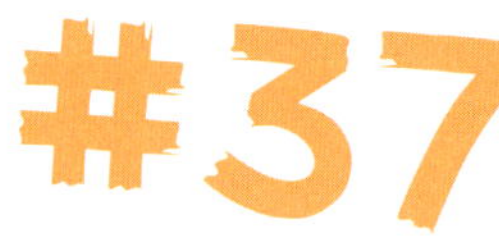

In den Fässern im Keller des Doktorenhofs in Venningen reift kein Wein, sondern Essig. So dreht sich bei den Kellerführungen des Weinessigguts alles um die sauren Tropfen, die eine durchaus sinnliche Note haben. Angenehm frisch ist die Luft bei der Wanderung rund ums Hambacher Schloss.

#saureSinnlichkeit #Essigmutter #GenussimKeller #Schlosswanderung

Hier darf der Wein »sauer werden«.

»Sauer macht lustig«, davon ist Claudia Albrecht überzeugt und das vermittelt sie auch den Teilnehmern der Kellerführung auf dem Hof in der Pfalz (www.doktorenhof.de). »Und das ohne Alkohol«. Denn die Essigsäurebakterien, auch Essigmutter genannt, wandeln den Alkohol des Weins durch Fermentation um. Aber der Reihe nach: Erst gibt es für jeden Teilnehmer einen langen Mantel mit Kapuze, ähnlich den Pestroben, die die Führung einfach stimmungsvoller machen. Die Essigproduktion zählt übrigens zu den ältesten Herstellungsverfahren überhaupt.

Flache Steinstufen führen in das Allerheiligste, den Essigkeller, der von Kerzen erhellt wird. Im Gegensatz zu Weinfässern sind die Essigfässer nur bis zu knapp zwei Dritteln gefüllt. Denn Sauerstoff und eine Essigmutter sind nötig, um den Alkohol im Wein abzubauen. Ganz nach der Philosophie der Hildegard von Bingen ist auch ein Säckchen mit Steinen in jedem Fass, und die gregorianischen Gesänge im Hintergrund sollen bei der Reifung helfen. 150 Jahre alt ist die Essigmutter hinter Glas, an der es auf dem Weg in die Kräuterkammer vorbeigeht. Hier lagern rund 300 verschiedene Aromastoffe wie Blüten, Wurzeln, Honig und in der Pfalz angebauter Safran.

Dass Essig innerlich und äußerlich angewendet heilt, war schon den Hochkulturen be-

kannt. Ägypter, Perser, Römer, Griechen und Babylonier stellten bereits Essig her, und in der Sixtinischen Kapelle in Rom gibt es Malereien aus Essig.

Im speziellen Doktorenhof-Glas, mit extra langem Stiel, wird der Essig zum Probieren serviert. Der Ficus ist ein heller, leicht süßlicher Essig mit Feigen aus der Pfalz zum Trinken. Die Namen der fantasievollen Kreationen wie »Engel küssen die Nacht« und »Tränen der Kleopatra« klingen verheißungsvoll. Nach dem säuerlichen Aperitif passt etwas Deftiges, das es in der Straußenwirtschaft Merkel gibt (www.merkel-wein.de). Die Weinprobe findet anschließend im Weingut Jung statt, wo das Wohnmobil zum Glück auch über Nacht stehen bleiben darf.

Nach dem gemütlichen Frühstück im Wohnmobil geht es auf die Straße und zum Hambacher Schloss: Im Mai 1832 wehte zum ersten Mal die schwarz-rot-goldene Fahne auf dem Kastanienberg. Seitdem gilt das Schloss als

---

On the Road: Erster Stopp ist Venningen. Gut 10 km Fahrtstrecke sind es am zweiten Tag von dort zum Hambacher Schloss.

Beste Zeit: Ganzjährig

Dauer & Strecke: 2 Tage. Die 9 km lange Wanderung, Dauer ca. 3 Std., startet am Hambacher Schloss, parken kann man entlang der Zufahrt (www.hambacher-schloss.de).

Ausrüstung: Durst, Wanderschuhe.

Wenn es Nacht wird: Stellplatz mit Weinprobe im Weingut Jung in Venningen (www.wein-jung.de).

Mystisch ist es sowohl im »Reich der sauren Sinnlichkeit« als auch auf dem Hambacher Schloss im Nebel.

Wiege der deutschen Demokratie. Hier kann man gegen Gebühr am Straßenrand parken. Für die Wanderer führt die Route direkt in den Pfälzer Wald. Zur Orientierung dienen die Wegweiser Hohe Loog und Speierheld Hütte. Ungefähr auf der Hälfte der Strecke liegt das Hohe Loog Haus zum Vespern mit Aussicht und mit der höchstgelegenen Weinrebe der Pfalz (nähere Infos unter www.pwv-hambach.de). Von hier geht es weiter zur Speierheld Hütte, wo auch der Pfälzer Weinsteig entlangführt. Hinab verläuft der Weg zum Hambacher Schloss zurück.

FAZIT: WER LUST AUF GENUSS HAT, FÄHRT NACH VENNINGEN.

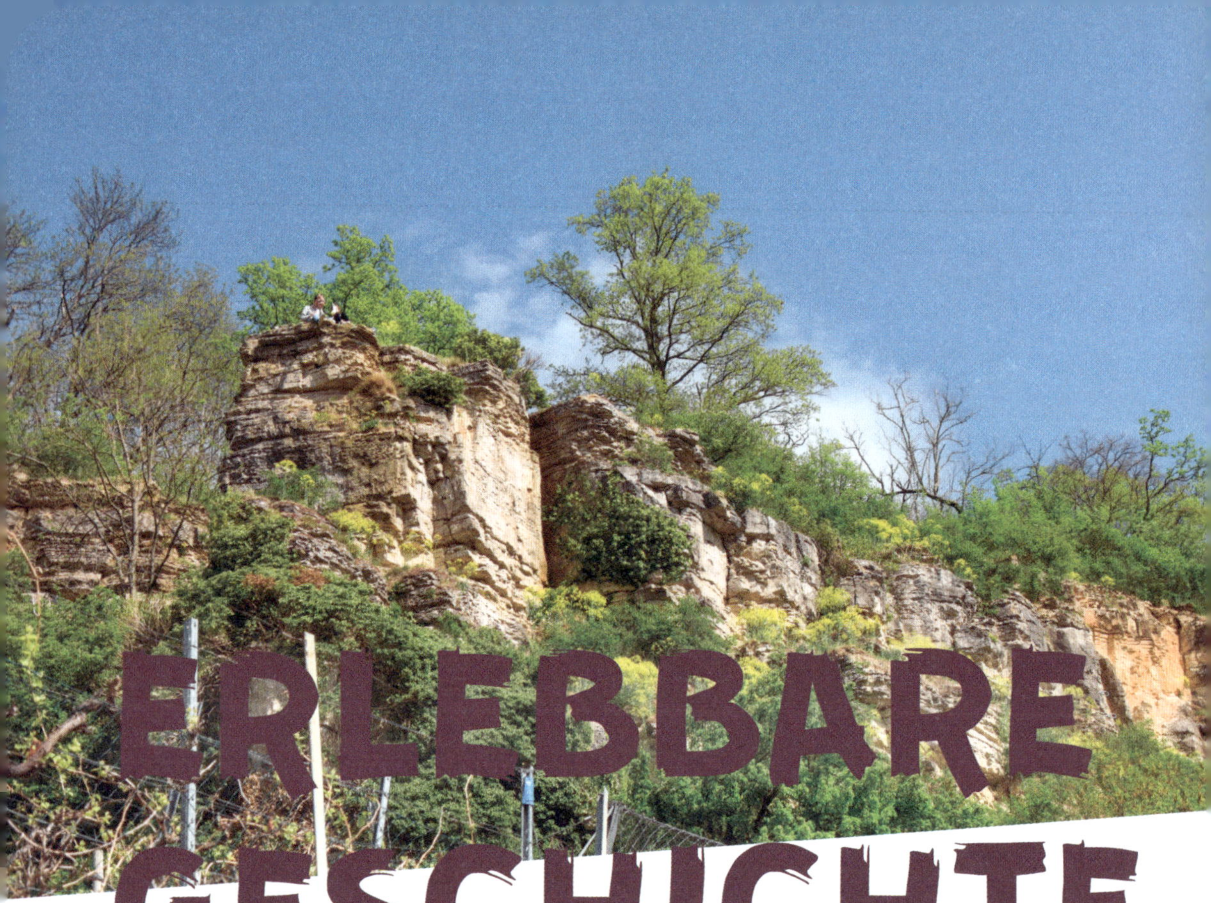

ERLEBBARE GESCHICHTE

... zwischen Neckar und Kocher

#38

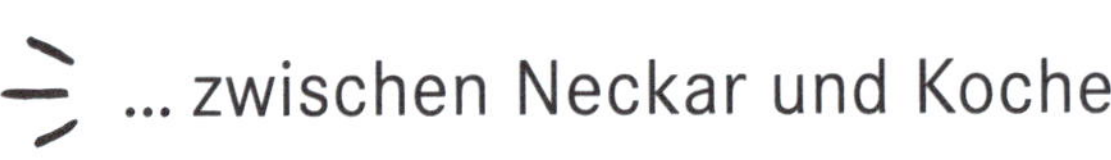

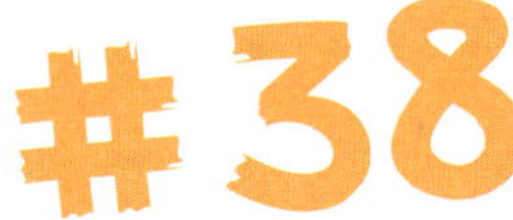

Der Hans und Sophie Scholl-Pfad in Forchtenberg erinnert an die beiden mutigen Geschwister – den weißen Rosen folgend, kommt man zu den Lieblingsplätzen ihrer Kindheit. Die Wanderung am zweiten Tag führt zu den Felsengärten in Hessigheim.

#dieWeißeRose #Gedächtnispfad #aufSpurensuche #Felsengärten

Der Pfarrgarten war ein beliebter Spielplatz der Scholl-Kinder.

Sophie Scholl wurde am 9. Mai 1921 in Forchtenberg geboren. Ihr Bruder Hans Fritz kam bereits drei Jahre zuvor im heutigen Crailsheim zur Welt. Sie lebten mit ihren Geschwistern Inge, Elisabeth, Werner und Thilde, die bereits als Kleinkind starb, im Rathaus von Forchtenberg, wo der Vater Robert über zehn Jahre lang als Bürgermeister tätig war. Das Rathaus ist ein guter Ausgangspunkt, um mit der Spurensuche zu beginnen. Im neu renovierten Gebäude stehen eine Gedächtnistafel und eine Büste von Sophie Scholl.

Sophie war gemeinsam mit dem Bruder und ihren Mitstudenten, Alexander Schmorell, Christoph Probst, Willi Graf und Professor Kurt Huber, der Kern der »Weißen Rose«. Die Münchner Widerstandsgruppe lehnte sich von 1942 bis 1943 in sechs Flugblättern gegen den Nationalsozialismus auf. Ihr Motto, ein Satz des französischen Philosophen Jacques Maritain, lautete: »Man muss einen harten Geist und ein weiches (zartes) Herz haben«. Weiße Rosen mit ihrem harten Holz und den zarten Blüten symbolisieren die Gesinnung der Geschwister und wurzeln auch entlang der Strecke.

Die weiße Strauchrose namens »Sophie Scholl« rankt sich um einige Gedenktafeln

und verströmt über die Sommermonate einen feinen Duft. Die »Hans Scholl«-Rose hat offene, cremefarbene Blüten. Sie zieht im Sommer die Bienen zum Teehaus am Kocherufer, wo die Geschwister gerne schwammen und Hans einmal beim Schlittschuhlaufen ins Eis eingebrochen ist. Vom Rathaus läuft man zur Kirchenstiege, die im Winter ein beliebter Schlittenhang war. Hier geht es an der Michaelskirche vorbei, in der Sophie im Juli 1921 getauft wurde. Vom Weg aus kann man in den Pfarrgarten spähen, in dem die Scholl-Kinder gerne spielten.

Die Felsengärten sind berühmt für ihre Aussicht und ideal zum Klettern und um die Natur zu genießen.

Den Berg hinauf gelangt man zur Schlossruine. Spielen war hier tabu. Der Pfad führt an der »Kleinkindschule« und dem alten Schulhaus vorbei. Hier wurden früher zwei Klassenstufen gemeinsam unterrichtet. Daher waren Sophie und ihre Schwester Elisabeth auch in der Schule zusammen, wo Sophie bei Ungerechtigkeiten bereits für die ein Jahr ältere Schwester eintrat. Aber nicht nur Hans und Sophie leisteten Widerstand im Dritten Reich. Alle Mitglieder der Familie stellten sich gegen den Krieg und das Regime. Zur Ruhe kommt man im Stadt Café (www.stadtcafe-forchtenberg.de).

Am nächsten Tag fährt man nach Besigheim und beginnt am Parkplatz an der Enz die Wanderung zu den Felsengärten. Bevor es in die Natur geht, läuft man durch die Besigheimer Altstadt und vorbei an der Schiffsanlegestelle am Neckar. Ab dem Neckarsteg läuft man auf der rechten Uferseite bis nach Hessigheim und weiter durch den Ort bis zur Felsengartenkellerei. Die schroff aufragenden Muschelkalkfelsen über dem Neckar bieten viele Aussichtspunkte – aber nur für Schwindelfreie – über die Weinberge und den Fluss. Die Felsengärten sind auch beliebt bei Kletterern. Durch die Weinberge geht es über den Wurmberg zurück nach Besigheim.

FAZIT: EINE GESCHICHTE, DIE WAHRLICH ANS HERZ GEHT.

On the Road: Erster Stopp ist Forchtenberg. Am nächsten Tag geht es mit dem Camper rund 50 km weiter nach Besigheim.

Beste Zeit: Ganzjährig erlebbar.

Dauer & Strecke: Wochenend-Trip. Der Gedächtnispfad ist rund 3 km lang und dauert 1,5 bis 2 Std. Die Tour In den Hessigheimer Felsengärten ist knapp 15 km lang und startet in Besigheim am Parkplatz an der Enz, Gehzeit ca. 3 bis 4 Std.

Ausrüstung: Wanderschuhe.

Wenn es Nacht wird: Im Forchtenberger Teilort Sindringen gibt es einen ganzjährigen Stellplatz in der Unteren Straße, es ist unter www.meinwomo.net gelistet. In Besigheim gibt's am Parkplatz der Felsenkellerei fünf Stellplätze – mit Weinprobe (www.felsengartenkellerei.de)!

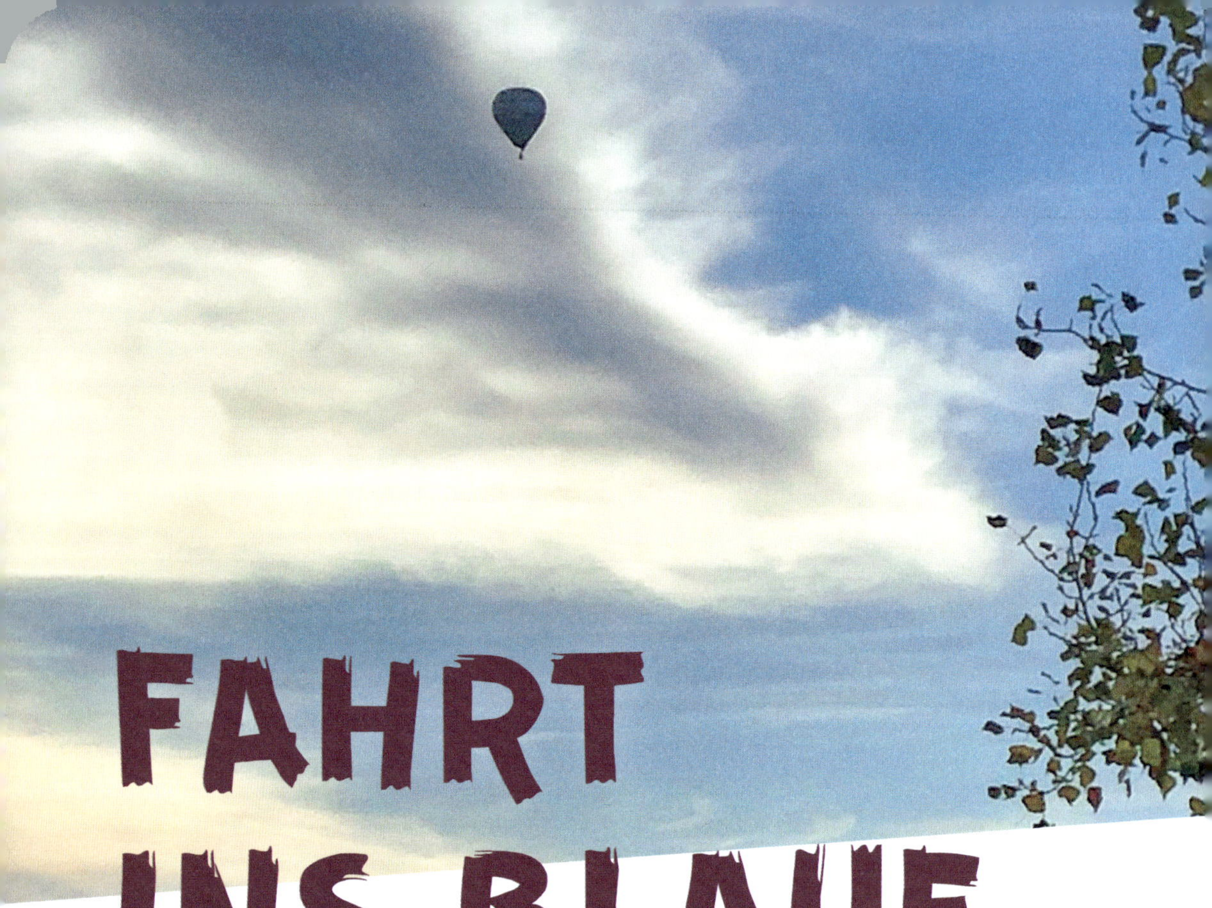

FAHRT INS BLAUE

… von Heilbronn nach Nürnberg

#39

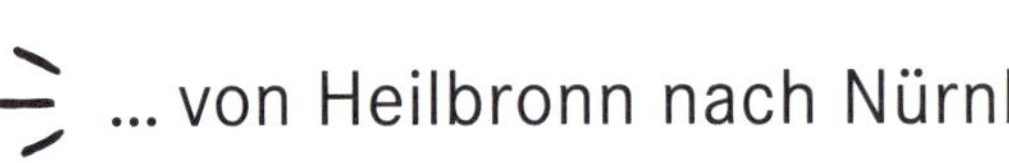

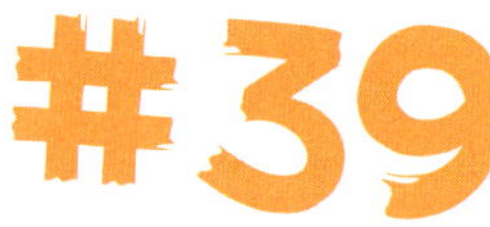

Wohin am Wochenende, wenn es kalt ist, nieselt und die Sonne sich hartnäckig versteckt? Eine spontane Auszeit mit dem Wohnmobil klingt da doch gut, denn so findet sich Unterhaltung für Jung und Alt zugleich.

#FluchtaufdieStraße #FahrtohneZiel #kleinesAbenteuer #Roadmovie

Drahtseilakt auf dem Götzen- und Bollwerksturm.

Klar ist, allzu weit soll es nicht gehen und Outdoor-Aktivitäten fallen dem schlechten Wetter zum Opfer. Also Bücher, Spiele, den OMNIA zum Kuchenbacken und Badesachen ins Wohnmobil packen und ab auf die Straße. Der erste Stopp ist so spontan wie das ganze Unternehmen. Das braune Hinweisschild experimenta Heilbronn ist der Grund zum Anhalten. Deutschlandweit machen diese Hinweistafeln auf Sehenswürdigkeiten aufmerksam. In einigen Regionen gibt es inzwischen Apps mit Details zu den abgebildeten Attraktionen.

Ziel ist aber nicht die Bildungs- und Freizeiteinrichtung experimenta, sondern das Neckarufer. Anlässlich der Bundesgartenschau 2019 wurden die Uferanlagen neu angelegt. Von der Innenstadt flaniert man am Wasser entlang bis zur Neckarspitze. Fitness-Geräte machen den Weg auch für die Jüngeren spannend. Zurück am Parkplatz, der direkt gegenüber dem Parkhaus der experimenta liegt, geht es wieder auf die A81.

Das Liebliche Taubertal verleitet zur nächsten Rast. Dieses Mal ist es der Hunger, der einen zum Anhalten zwingt und nach Bad Mergentheim lockt. Die Wahl fällt auf das Gasthaus Rose (www.rose-stuppach.de), das die typischen Grünkerngerichte der Region bietet. Da gibt es Grünkernsuppe und -küchle sowie Risotto und Knödel.

Am Ufer des Neckars (links unten), der Marktplatz von Heilbronn (Mitte) und Brücken in Nürnberg (links).

Wohl aus der Not heraus haben die Menschen im Taubertal vor 300 Jahren den Grünkern entdeckt. Aufgrund einer Hungersnot wurde der Dinkel vorzeitig geerntet und im Backofen gedarrt. Das ehemalige Arme-Leute-Essen ist heute überall auf den Speisekarten zu finden. Es gibt inzwischen sogar eine Grünkern-Königin, einen Grünkern-Radweg und auch ein Museum, das allerdings links liegen bleibt, denn inzwischen steht das Ziel fest und lautet Stein.

Hier befindet sich das Kristall Palm Beach Kur- und Freizeitbad, rund zehn Kilometer von Nürnberg entfernt (www.palm-beach.de).

Das Bad reizt die Jüngeren wegen der Looping-Rutsche und zahlreichen weiteren Wasserattraktionen. Für die Älteren gibt es einen Saunabereich mit Gondelsauna, die beim Aufguss in die Höhe fährt, sowie ein Floating-Becken zum Treibenlassen. Wie praktisch, dass es direkt am Bad einen Stellplatz gibt. Mit Lesen und Kuchenbacken (Rezept S. 233) endet der Tag.

On the Road: Von Heilbronn geht es mit dem Camper nach Bad Mergentheim und weiter nach Stein und Nürnberg. Die gesamte Strecke ist 230 km lang.

Beste Zeit: Geht immer.

Dauer : 2–3 Tage, je nachdem, ob man für eine oder zwei Übernachtungen Zeit und Lust hat.

Ausrüstung: Bücher, OMNIA, Badesachen, Regenschirm.

Wenn es Nacht wird: Der Stellplatz an der Therme ist kostenfrei, Faber-Castell-Allee 10, 90547 Stein. Für eine zweite Nacht bietet sich der Campingplatz zur Mühle in Zirndorf an (www.camping-zur-muehle.de).

Am nächsten Morgen geht es weiter nach Nürnberg zum Bummeln. Die Kaiserburg, das Wahrzeichen Nürnbergs, lockt durch ihre mittelalterliche Silhouette und so wird der kurze Anstieg kaum bemerkt. Auch wenn der Ausblick von den grauen Wolken getrübt wird, liegt einem von hier die Stadt zu Füßen.

FAZIT: ES MACHT AUCH SPAß, EINFACH MAL LOSZUFAHREN.

WELLNESS VON KOPF BIS FUß

… im Bayerischen Wald

#40

Im Camping Resort Bodenmais bekommt man im Skypool den Kopf frei und gleich einen Eindruck von den endlosen Wäldern, den beeindruckenden Bergen und verwunschenen Seen. Wellness für die Füße gibt es bei der Barfußwanderung zu den Rißlochfällen.

#urgewaldig #WellnessbeimCamping #aufbloßenSohlen #Wasserfall

Sich im Pool treiben lassen und dabei die Aussicht auf die beeindruckende Umgebung genießen, zum Aufwärmen in die Sauna gehen – gibt es etwas, das mehr entspannt? So viel Auszeit macht aber irgendwie auch müde und die Wärme sowieso. Nach der Erholung reicht die Energie am Abend gerade noch für eine schnelle Pasta, ein Glas Wein und den Blick in den Nachthimmel.

Gut ausgeruht wartet nach dem Langschläferfrühstück eine Wanderung, und zwar ohne Schuhe durch die größte Waldlandschaft Mitteleuropas. »Unten ohne« geht fast immer, entschleunigt, macht Spaß und stärkt die Selbstwahrnehmung. Also los! Beim Wanderparkplatz Schönebene startet die Tour. Der Wanderweg schlängelt sich durch einen Laubmischwald. Waldbaden ist heute nicht angesagt, denn schon ein kleiner Kiesel drückt ganz schön und lenkt die Aufmerksamkeit auf die Füße. Autsch, das tut weh!

Der Waldweg sieht gar nicht so steinig aus – die Füße machen ihre eigene Erfahrung. Da hilft auch der Blick nach unten nichts, den kleinen Quälgeistern entgeht man nicht. So manch entgegenkommender Wanderer blickt irritiert auf die Schuhlosen. Die Augen nehmen die prächtigen Baumriesen kaum wahr, suchen lieber den Untergrund ab – kommt da etwa eine Pfütze? Die Füße sind die Hauptakteure und sammeln über ihre Rezeptoren ungewohnt viele Informationen – sie haben an der Bewegungskoordination einen ebenso wichtigen Anteil wie das Gleichgewichtssystem. Normalerweise nehmen die Schuhe den Füßen viel Arbeit ab, indem sie Unebenheiten weniger spürbar machen. Dabei gehen detailliertere Wahrnehmungen zur Beschaffenheit des Bodens verloren und die Selbstwahrnehmung gleich mit.

Mit jedem erspürten Meter gewöhnt man sich an das neue Gefühl und die Umgebung wird wieder klarer aufgenommen. Bevor man

---

On the Road: Das WoMo ruht sich auch aus und bleibt auf dem Platz in Bodenmais stehen.

Beste Zeit: Ganzjährig, selbst im Schnee, geht »unten ohne« (dann eben nur ganz kurz).

Dauer & Strecke: Ein Wochenende. Gut 5 km lang ist die Wanderung zu den Wasserfällen und dauert ohne Schuhe 2 Std.

Ausrüstung: Badesachen, Saunatuch.

Wenn es Nacht wird: Im ganzjährig geöffneten Camping Resort Bodenmais gibt es viel Grün und einen Skypool. Die Saunabenutzung kostet extra. Infos unter www.campingresort-bodenmais.de

---

Beim Barfußwandern »sieht« man auch mit den Füßen.

die Wasserfälle sieht, hört man sie bereits, die größten übrigens im Bayrischen Wald. Im Rißloch vereinen sich der Arberbach, Schwellbach, Kleinhüttenbach und Wildauerbach zum Rißbach. In mehreren Hauptstufen stürzen die Bäche die Rißlochschlucht hinunter. Für den Rückweg werden die Schuhe wieder angezogen, denn die Füße müssen sich erst an die ungewohnte Freiheit gewöhnen.

Tipp: Ein Abstecher zum Eisvogelsteig in Arnschwang lohnt sich, Deutschlands einzigem Klettersteig im Fluss (weitere Infos gibt's auf www.bayerischer-wald.de unter der Rubrik Urlaubsthemen > Wandern im Bayerischen Wald > Tiererlebniswege).

FAZIT: SO EIN WELLNESS-WOCHENENDE KÖNNTE EWIG WÄHREN.

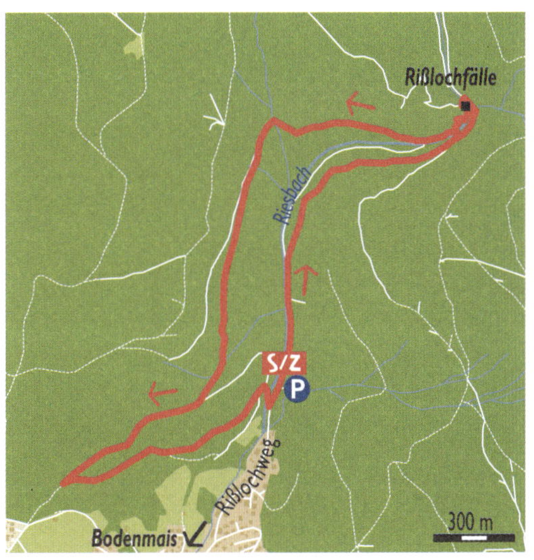

IMMER DEM WASSER NACH

... an der Enz

#41

Immer an der Enz entlang, im Wechsel Stadt, Land(schaft), Fluss: Mühlacker auf dem Enztalradweg bietet viel Natur. Wer mehr Zeit hat, radelt statt dem Rundkurs von Mühlacker eine Etappe mehr.

#Flußgeschichte #Raderlebnis #amFlußentlang #Enztalradweg #Waldenser

Die Landschaft an der Enz ist fast wie gemalt.

Der rund 100 Kilometer lange Enztalradweg – von der Enzquelle im Schwarzwald bei Enzklösterle bis zur Mündung im lieblichen Neckartal in der Weinstadt Wallheim – führt direkt durch die grüne Mitte von Mühlacker. Das beschauliche Fachwerkstädtchen ist eine Station auf dem abwechslungsreichen Radweg und Ausgangspunkt der Tour. Durch die Renaturierung des Flusses wurden hier die Ufer zugänglich gemacht und im Zuge der Gartenschau 2015 hübsch gestaltet. Die Hochufer bieten viel Platz für Ruheoasen, prächtige Gärten, schattenspendende Bäume und großzügige Spielräume. Immer im Blick: die Enz, der längste linke Nebenfluss des Neckars.

Über allem wacht die Burgruine Löffelstelz, markantestes Wahrzeichen von Mühlacker.

Die Enz schlängelt sich durch eine abwechslungsreiche Landschaft.

Weil der Stadt ist stolz auf die Narren der Schwäbisch-Alemannischen Fasnet.

Die einstige imposante Schildmauerburg ohne Bergfried stammt wohl aus der Zeit um 1180. An der Enz haben sich auch die Waldenser angesiedelt. Papst Lucius III hat 1184 die Laienprediger zu Ketzern erklärt und vor allem aus Südwest- und Nordostfrankreich vertrieben. Ihre Verfolgung zog sich über die nachfolgenden Jahrhunderte. Ende des 17. Jahrhunderts landeten einige Hundert in Württemberg und Baden, wo ihnen freie Religionsausübung zugesichert wurde. Ihre Gottesdienste wurden hier bis ins frühe 19. Jahrhundert in französischem Dialekt gehalten. Erst im 19. Jahrhundert schlossen sie sich dann der evangelisch-lutherischen Landeskirche an. Ortsnamen wie Pinache, rund fünf Kilometer von der Enz entfernt, zeugen von ihrer Anwesenheit. In Pinache gibt es auch ein Waldensermuseum.

Wer mehr vom Enztalradweg entdecken möchte, beginnt weiter flussabwärts in Bad Wildbad. Hier präsentiert sich der Schwarzwald mit schattigen Nadelwäldern und der einen

oder anderen Steigung. Danach wird der Weg flacher. Bei Pforzheim öffnet sich die Landschaft an der Schwelle zum unteren Verlauf der Enz. Der Fluss ist hier breiter und mächtiger, das Tal dehnt sich aus. In den schmucken Fachwerkstädten laden immer wieder Gasthöfe zur Pause ein. Also, wenn da kein Urlaubs-Feeling aufkommt!

Tipp: Wer noch Zeit hat, fährt nach Weil der Stadt, der Geburtsstadt von Johannes Kepler (www.weil-der-stadt.de) mit Museum (www.kepler-museum), Planetenweg und zentralem Stellplatz vor den Toren der Altstadt.

FAZIT: GEMÜTLICHES RADERLEBNIS OHNE ALLZU GROßE HÖHEN UND TIEFEN.

On the Road: Wer an zwei Tagen radeln möchte, startet im Enztal in Bad Wildbad (Stellplatz am Kurpark) mit dem Rad und fährt von Pforzheim in 30 Minuten mit der Bahn zurück. Von hier sind es mit dem Camper knapp 40 km nach Mühlacker und zur Radrundtour um Mühlacker. Wer noch nach Weil der Stadt fährt, muss weitere 30 km Fahrtweg einplanen.

Beste Zeit: Frühjahr bis Herbst.

Dauer & Strecke: Ein langes Wochenende. Der Enztalradweg ist rund 100 km lang (www.enztalradweg.de). Die Tour rund um Mühlacker beträgt rund 19 km (3 Std. Fahrzeit), und die Strecke von Bad Wildbad nach Pforzheim ist gut 30 km lang (4 Std. auf dem Sattel).

Ausrüstung: Fahrrad.

Wenn es Nacht wird: Am Gartenschaugelände liegt der Stellplatz in Mühlacker. Auf der Website der Stadt (www.muehlacker.de) findet man unter der Rubrik Freizeit und Tourismus weitere Infos zu den Stellplätzen.

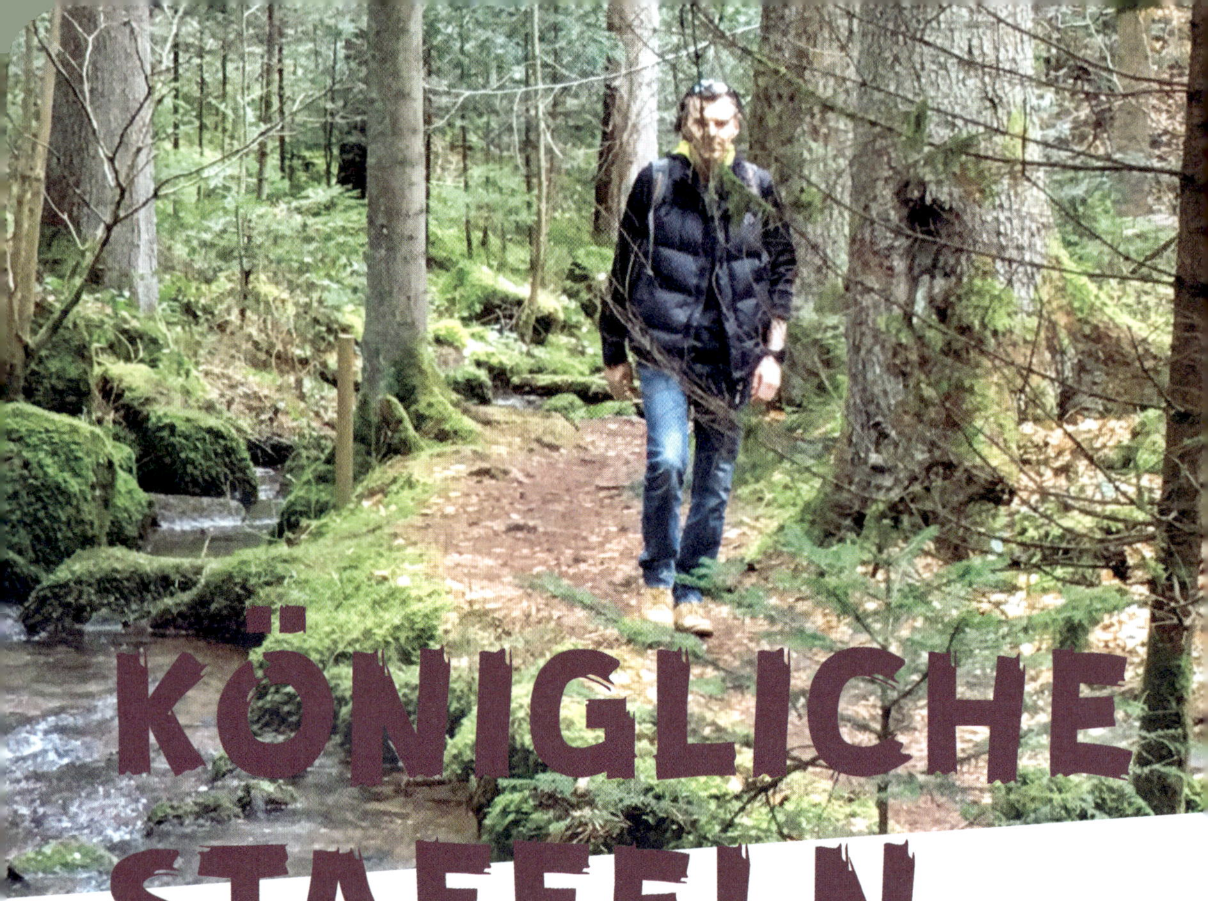

KÖNIGLICHE STAFFELN

... im Teinachtal

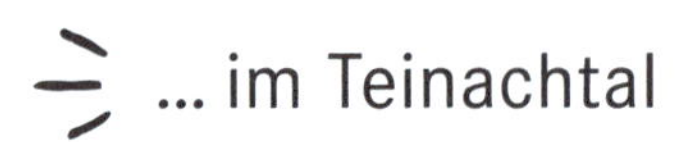

#42

Wandern zwischen Quellen und Tälern – aber nicht nur: Der Premium-Wanderweg Der Teinacher führt durchs gleichnamige Tal mit mystischen Wäldern und über die historische Mathildenstaffel auch in luftige Höhen. In Zavelstein blühen im März die wilden Krokusse.

#Premuimwandern #Waldeslust #Treppauf #Blütenmeer #Krokusblüte

Burg Zavelstein: schöner Ausblick über das Teinachtal.

Schwarzwald-Guide Jürgen Rust führt die Wanderer zielstrebig den kurzen Anstieg zum Beerenweg hinauf. Vom Panoramaweg in Bad Teinach bieten sich Ausblicke auf den Ort, den Kurpark, die Therme und die gegenüberliegende Burgruine Zavelstein. Es geht am Waldrand entlang, vorbei an Hütten mit klingenden Namen wie Schöne Aussicht und Mooshäusle und weiter bis zur Jahrhundertbank. In ihre Lehne aus Stein sind die dankbaren Kommentare und Heilerfolge der Kurgäste vergangener Jahrhunderte eingemeißelt. »Bad Teinach war im 18. Jahrhundert fast so bekannt wie Baden-Baden«, erklärt Rust der Wandergruppe.

Mehr als zehn Quellen gibt es im Tal und so stößt man auch immer wieder auf Quellenhäuser. Darin wird das Wasser des Tals gesammelt, um in den wärmeren Monaten ausreichende Ressourcen zu haben – wenn der Durst besonders groß ist. Die Mineralquellen Teinach GmbH liegt direkt unterhalb des Höhenwegs. Schon bald verschwindet

Nach Emberg führt der Weg steil bergauf.

das Sprudel-Werk aus dem Blickfeld. Das Mineralwasser, Wahrzeichen des Tals, begleitet den Wanderer auf der Tour – etwa mit Sitzgelegenheiten, die wie Sprudelflaschen geformt sind, gefertigt aus heimischer Weißtanne von einem professionellen Kettensäger.

Über zwei Meter ist die Holzflasche hoch, zu der man auf der anderen Talseite gelangt, nachdem die Teinach erst einmal überquert ist. In dem hölzernen Flaschenspender liegen kleine Flaschen mit Mineralwasser. Jetzt beginnt der Anstieg nach Emberg.

Die Pfade sind schmal und unwegsamer geworden. Bizarre Felsformationen säumen den Weg. Wer genau lauscht, hört das Zwitschern der Vögel. Die Atmung wird tiefer und der Herzschlag beschleunigt sich mit jedem Höhenmeter – 630 sind es an der Zahl, Königin Mathilde ließ den Weg vor 250 Jahren anlegen. Auf den steinernen Sitzen am Rand konnten sich die Damen beim Flanieren ausruhen. Kaum zu glauben, dass der Adel, der regelmäßig mit Geleit samt Hoftheater zum »Luftschnappen« herkam, hier hinaufspaziert sein soll.

Es wird wieder lichter und kurz darauf kommt der Wiesenweg in Richtung Emberg in Sicht. Kurz vor den ersten Häusern geht es rechts weg und den Forstweg hinunter. Die Strecke ist trotz zahlreicher Abzweigungen sehr gut beschildert. Alle Schilder haben Kilometerangaben, sodass bei einem Notfall klar ist, ob man die Strecke besser zurückläuft oder der

Wasser spielt eine zentrale Rolle auf dem Premium-Wanderweg.

Runde bis zum Ende folgt. Bis ins Heckengäu sieht man von der Berghütte – ein schöner Rastplatz zum Verschnaufen.

Die Wanderer erreichen Zavelstein – bis zur Gemeindereform 1975 die kleinste Stadt Württembergs. Dort lohnt sich ein kurzer Abstecher zur Burgruine. Die alte Wehranlage ist, wie der Weg auch, ganzjährig begehbar. Jetzt sind es nur noch knapp drei Kilometer zurück zum Startpunkt, dem Parkplatz beim Freibad in Bad Teinach.

FAZIT: IM SCHWARZWALD GIBT ES MEHR ALS NUR WALD, SO WIE BEISPIELSWEISE DAS BLÜTENMEER IN ZAVELSTEIN.

On the Road: Vom Stellplatz in Zavelstein sind es nur 4 km mit dem Camper zum Parkplatz in Bad Teinach am Freibad.

Beste Zeit: Ganzjährig, aber ein Highlight ist die Krokusblüte Anfang März in Zavelstein. Infos unter www.teinachtal.de

Dauer & Strecke: 2 Tage. Der Premium-Wanderweg ist 11,9 km lang. Bei der 3-stündigen Wanderung geht es 443 Hm hinauf. Die Begehung des Teinachers ist in der hier beschriebenen Richtung empfohlen, ebenso wie die Wanderung mit Guide Jürgen Rust (www.schwarzwaldguide-rust.de).

Ausrüstung: Wanderschuhe.

Wenn es Nacht wird: Im kleinen Zavelstein kann man am Restaurant und Hotel Krone-Lamm stehen, wo man gutbürgerlich und auf Sterneniveau kocht. Der Stellplatz ist auf www.stellplatz.info gelistet. Idyllisch ist es auch auf dem Parkplatz des Restaurants Wanderheim etwas außerhalb von Zavelstein (www.berlins-hotel.de).

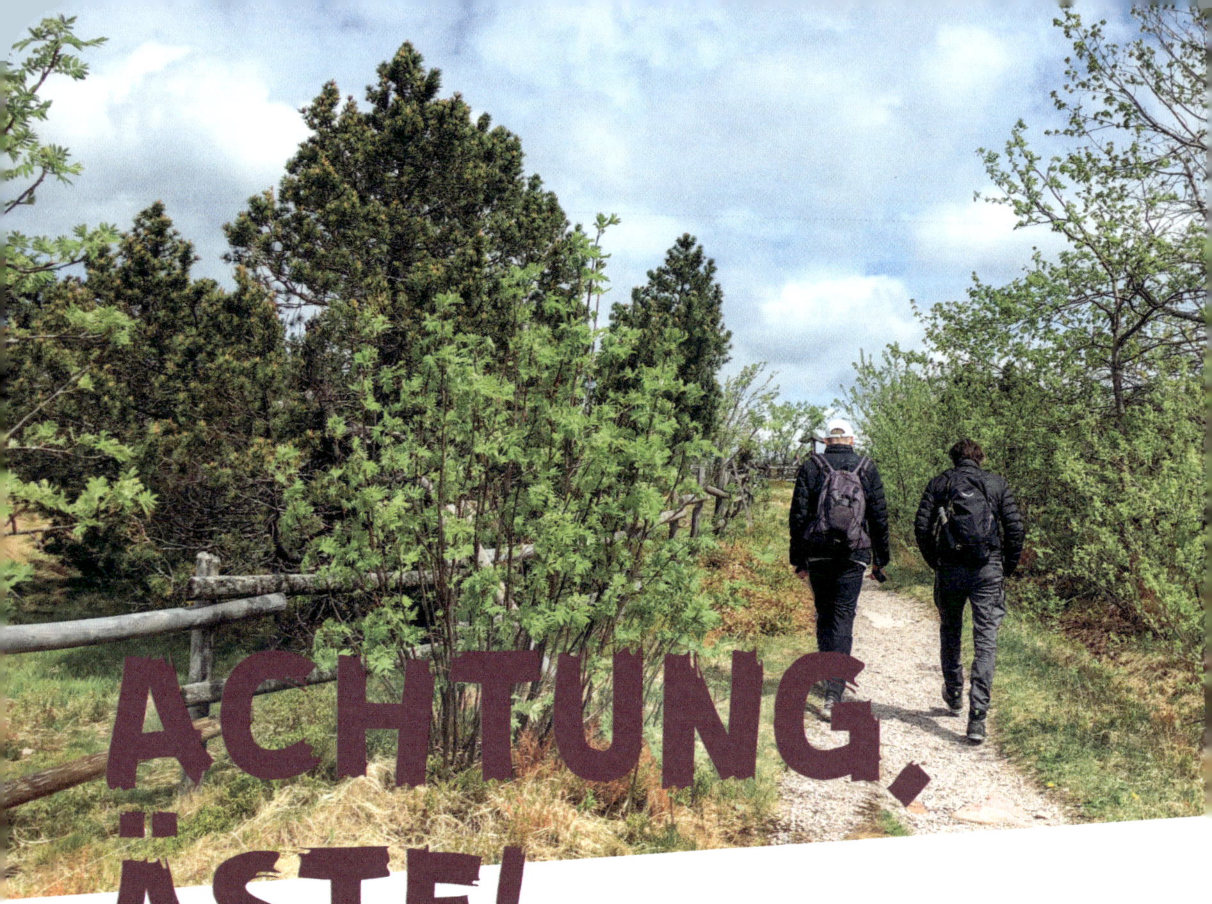

ACHTUNG, ÄSTE!

... im Schwarzwald

#43

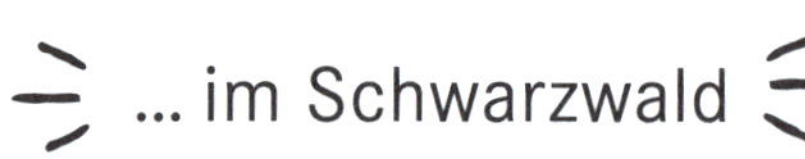

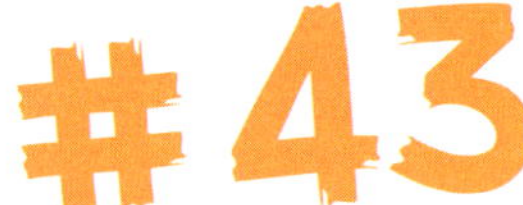

Auf dem Wildnispfad an der Schwarzwaldhochstraße bei Bühl geht es über Stock und Stein – mitten hinein ins Abenteuer. Ein Roadtrip ist die Fahrt auf der Schwarzwaldhochstraße von Baden-Baden nach Freudenstadt.

#AbenteuerinderWildnis #Schwarzwaldhochstraße #MarktplatzinFreudenstadt

Der 1055 Meter hohe Schliffkopf liegt an der Schwarzwaldhochstraße im Nationalpark Schwarzwald.

Unter den Fichten ist es dämmrig. Ihre Äste lassen kaum Licht durch. Und so ist auf dem Wildnispfad immer wieder zu hören: »Achtung, Äste!«. Es ist kein bloßer Spaziergang durch den rund 70 Hektar großen Wald, den Orkan Lothar am zweiten Weihnachtsfeiertag 1999 heimsuchte. Dafür birgt der unwegsame Pfad so manche Überraschung. Denn hinter jeder Biegung gibt es etwas zu entdecken.

Die Auswirkungen der zerstörerischen Wucht des Sturmtiefs mit Böen über 250 Kilometer pro Stunde kann man hier quasi aus der ersten Reihe in Augenschein nehmen. Wenige Minuten genügten »Lothar«, um ein Chaos anzurichten. Die Sturmfläche wurde nicht aufgearbeitet und der Wildnispfad ist entstanden – ein einmaliges Dokument der Sturmereignisse und eine Landschaft, die sich Tag für Tag selbst »kuriert«.

Die Steine des kleinen Bachlaufs, der sich seinen eigenen Weg gegraben hat, sind glitschig. Allzu leicht rutscht der Fuß ins kalte Nass. Eine Leiter hilft auf den schmalen Weg zurück. Wer sich die Zeit nimmt, lernt von den Infotafeln viel über die Natur. Nach etwas mehr als einem Kilometer erreicht man den Buchen-

Bei klarem Wetter sieht man vom Schliffkopf bis ins Rheintal, zu den Vogesen und zum mittleren Schwarzwald.

dom – eine gemütliche Holzliege, umgeben von großen und kleinen Buchen. Wer leise ist, hört die Geräusche der Natur. Neben Vogelstimmen ist ein fernes Rauschen zu hören – es kommt von der nahe gelegenen Schwarzwaldhochstraße, die seit über 75 Jahren von Baden-Baden nach Freudenstadt führt.

Im Wald wartet ein weiteres Highlight. Noch kann man vom Ausguck über die Gipfel des

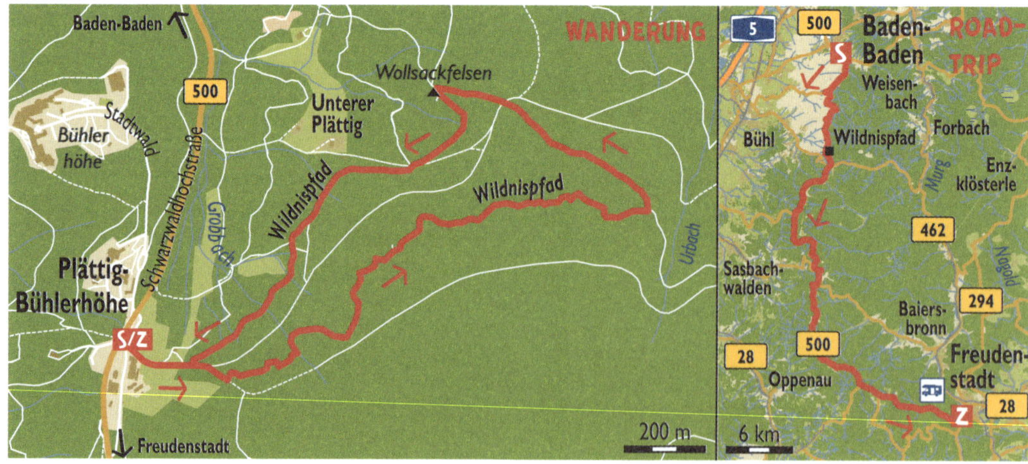

Ein Stopp in Baden-Baden entführt in die Vergangenheit der Bäderstadt (oben). Wilde Natur herrscht dagegen auf dem Wildnispfad.

Jungwaldes bis ins Rheintal schauen. Allerdings geht es beim Besteigen der Plattform und beim Blick von oben mehr um die Wahrnehmung des Mischwaldes. Im Hochsitz fühlt man sich wie in einem Nest - verkleidet mit Ästen und Zweigen.

Müde Wanderer können jetzt die Abkürzung nehmen, die zum Einstieg in den Pfad zurückführt - alle anderen folgen weiter dem Schild mit dem schwarzen Specht im grünen Kreis und machen einen kleinen Abstecher zu den Wollsackfelsen, eine Art Miniaturklettersteig. Über die Märchenwiese - eine moorige Lichtung mit kleinem Bächlein - geht es nach rund einem halben Kilometer zum Hotel Plättig und dem gegenüberliegenden Parkplatz zurück.

Rein in den Camper und über die Schwarzwaldhochstraße bis nach Freudenstadt. Wer noch nie in Baden-Baden gewesen ist, fährt zunächst die knapp 20 Kilometer dorthin und startet hier mit dem Road-Trip.

In einer Höhe von 600 bis 1000 Metern eröffnen sich auf der B500 - der Schwarzwaldhochstraße - Blicke bis in die Rheinebene und die Vogesen. Unterhalb der Hornisgrinde erreicht die Straße den Mummelsee, einen Karsee, der in der letzten Eiszeit entstanden ist. Ein Stopp lohnt sich hier wie auch am Schliffkopf mit seiner urwüchsigen Landschaft der Grinden und überhaupt überall dort, wo es einem gefällt. Über den Höhenzug des Schliffkopfs führt die Straße dann nach Freudenstadt mit dem größten Marktplatz Deutschlands.

FAZIT: WILDNIS- UND ROAD-TRIP IN EINEM.

On the Road: Gut 40 km sind es mit dem Camper vom Wildnispfad nach Freudenstadt. Wer in Baden-Baden startet, fährt von dort rund 20 km mehr.

Beste Zeit: Frühjahr bis Herbst. Bei Eis und Schnee ist der Wildnispfad nicht begehbar.

Dauer & Strecke: Ein Wochenende. Parken kann man an der Schwarzwaldhochstraße, gegenüber vom ehemaligen Hotel Plättig. Von hier geht es über die Straße und den Schildern hinterher. Der Wildnispfad ist rund 4,5 km lang, es gibt zwei Möglichkeiten zur Abkürzung auf 2,8 km bzw. 3,5 km. Für die große Runde sollte man 1,5 bis 2 Std. einplanen.

Ausrüstung: Gute Wanderschuhe.

Wenn es Nacht wird: Im Natur-Camping Langenwald lässt es sich den Sonntag über aushalten, Infos unter www.camping-langenwald.de

---

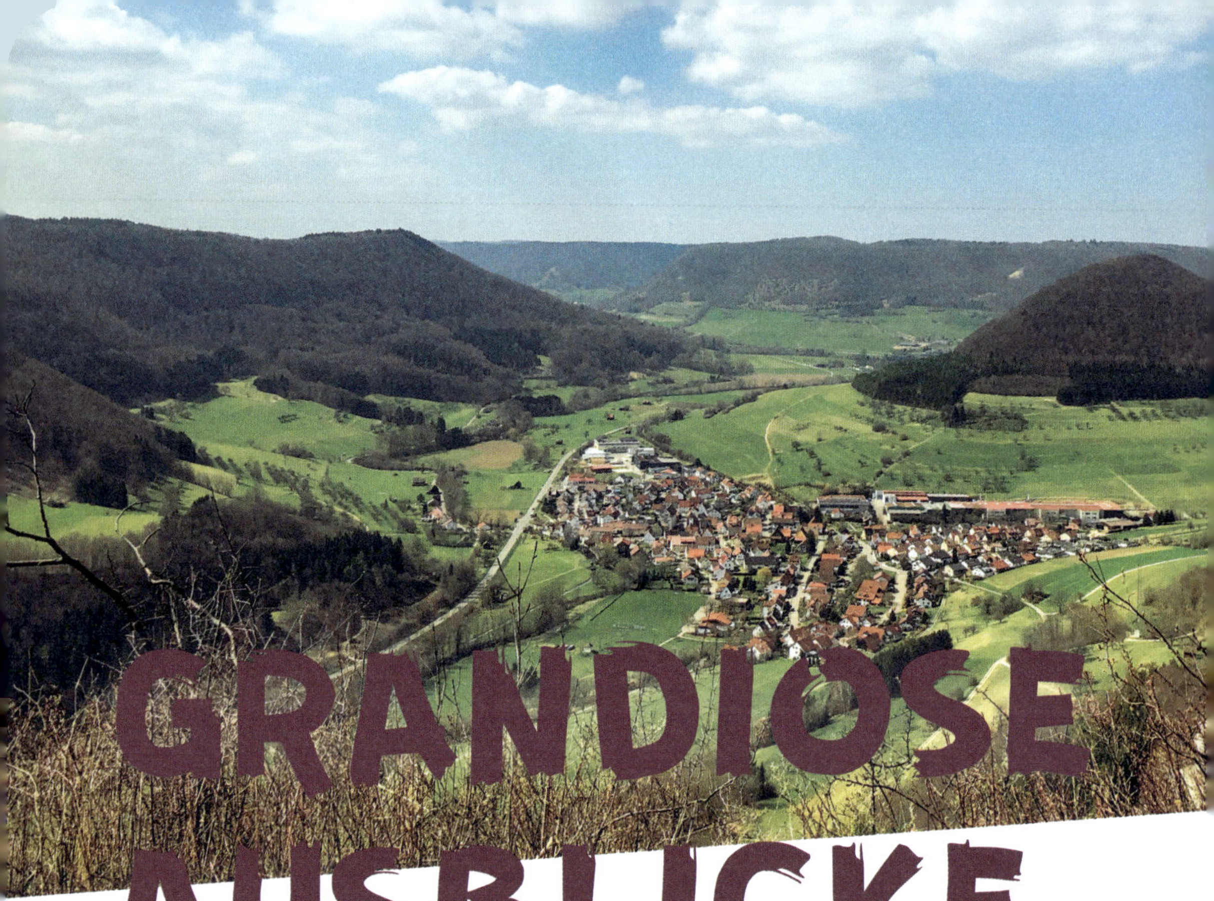

GRANDIOSE AUSBLICKE

... auf der Felsenrunde im Filstal

#44

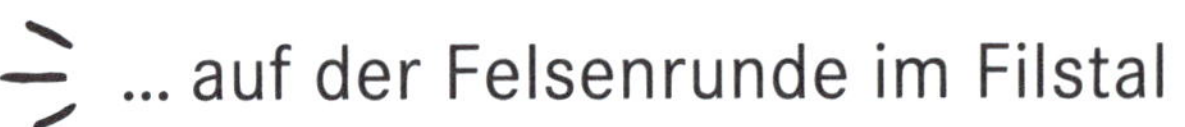

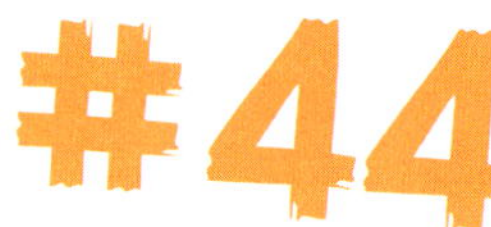

Auf dem zweitschönsten Wanderweg Deutschlands geht es entlang des Ostalbtraufs von Ausblick zu Ausblick. Bei klarem Wetter lassen sich am Horizont sogar die Alpen erkennen. Von der Abtei Neresheim liegt einem das Härtsfeld dann zu Füßen.

#aussichtsreich #andenFelsenentlang #steilbergauf #aufdemHärtsfeld

Die Abteikirche in Neresheim mit Blick über das Härtsfeld.

Gleich vorneweg – wer nicht mit dem Anstieg auf über 700 Meter starten möchte, läuft die Tour von Bad Überkingen andersherum als beschrieben. Für alle anderen windet sich der Pfad erst einmal steil nach oben auf die Albhochfläche. Die Buchen spenden angenehmen Schatten, lassen aber genug Sonnenlicht durch, dass man drohende Stolperfallen wie Wurzeln und Steine sehen kann. Wilde Felsformationen säumen den Aufstieg, der sich in die Länge zieht. Dann ist es geschafft – der Wald lichtet sich und weiter geht es am Albtrauf entlang zum ersten Aussichtspunkt.

Auf der Bank mit dem Blick über das Filstal und den Ort Hausen kann man es gut ein Weilchen aushalten. Hier weht immer ein angenehmes Lüftchen. Am nächsten grandiosen Aussichtspunkt, dem Jungfrauenfelsen, wartet ganz in der Nähe eine Grillstelle auf hungrige Wanderer. Der Sage nach hat sich hier eine Jungfrau auf der Flucht vor dem Jäger hinabgestürzt, doch ein Alb-Löwe fing sie auf und rettete sie damit. So kamen die 15 Löwenpfade, zu der die Felsenrunde gehört, zu ihren Namen und zu den Wegweisern mit dem Löwenhaupt.

Am Hausener Eck wagen sich nur die Mutigen auf den Stein mit dem Rundumblick – Kletterkönnen vorausgesetzt. Der höchste Punkt der knapp 14 Kilometer langen Wanderung, die 2018 vom Wandermagazin zum zweitschönsten Wanderweg Deutschlands gewählt wurde, liegt auf 751 Metern. Mit etwas Glück sieht man von hier bis zu den Alpen. Der Weg verlässt den Trauf und führt nach Oberboihingen. Von hier kommt man zum Golfplatz. An den Bahnen vorbei geht es weiter zum Ramsfels, der den Blick auf die Kaiserberge freigibt – Hohenstaufen, Hohenrechberg und Stuifen.

Bergab passiert der Weg die Schutzhütte am Dreimännersitz – Aussicht auf Geislingen an der Steige inklusive. Über den Schillertempel verläuft der Weg durch Wacholderheiden und Wiesenpfade zurück nach Bad Überkingen. Im kleinen Kurpark laden Liegen zum Ausruhen und Kaltwasserbecken zum Kneippen ein.

So gut ausgeruht vergeht die Fahrt über Heidenheim nach Neresheim aufs Härtsfeld wie im Flug. Der kostenlose Stellplatz am alten Bahnhof bietet freie Sicht auf das imposante Kloster, das mit dem Barock-Pfad rund um die Abtei am folgenden Tag auf dem Programm steht. Achtung, Langschläfer: In den Sommermonaten startet die erste Museumsbahn schon am Morgen (www.hmb-ev.de)!

FAZIT: DAS WOCHENENDE BESTICHT DURCH AUS- UND WEITBLICKE.

Eindrucksvolle Ausblicke in das Filstal (links). Entlang des Traufs windet sich der ausgezeichnete Wanderweg (Mitte).

On the Road: Erster Halt für den Camper ist Bad Überkingen, dort startet die Wanderung. Danach sind es von Überkingen bis zum Nachtlager in Neresheim 50 km.

Beste Zeit: Ganzjährig bei entsprechenden Witterungsbedingungen.

Dauer & Strecke: Ein Wochenende. Die Felsenrunde ist knapp 14 km lang und dauert 3 bis 4 Std. Sie beginnt in Bad Überkingen (www.loewenpfade.de). Der Barock-Pfad ist ein 4 km langer Fußweg rund um die Abtei Neresheim, Dauer 1,5 Std. (nähere Infos gibt's auf www.haertsfeld.de unter der Rubrik Freizeit & Kultur).

Ausrüstung: Wanderschuhe.

Wenn es Nacht wird: Gebührenfreier Stellplatz auf einem Parkplatz am Ortsrand von Neresheim: Frischwasser, Strom, Entsorgung Grauwasser, Entsorgung Chemie-WC, ganzjährig nutzbar. Der Stellplatz ist auf der Website www.promobil.de gelistet.

FEST IM SATTEL

Rund um die Burg Hohenzollern befindet sich ein beliebtes Mountainbike-Revier der Schwäbischen Alb. Vor der Kulisse wilder Felsformationen gibt es neben Mountainbike-Strecken – mit Höhen und Tiefen – auch Fahrtechnik-Kurse.

#EldoradofürRadler #Bikezone #Fahrspaßpur #aufderSchwäbischenAlb

Auch die Schwäbische Alb lässt tief blicken.

»Beim Mountainbiken kommt die Technik oft zu kurz«, weiß Philipp Wichmann von Albbike – eine Gruppe begeisterter Mountainbiker, die quasi im Sattel groß geworden sind (www.albbike.de). Sie bieten verschiedene Kurse an und zeigen, wie Fahrradfahren noch sicherer geht. Philipp, unter Bikern duzt man sich, macht es seinen Kunden vor – beispielsweise beim Eins-zu-Eins-Coaching.

Dann geht's los. In den Kursen dreht sich alles um die Sitzposition, die Kurventechnik und das sichere Bremsen. Dabei demonstriert Philipp verschiedene Positionen am Übungshang vor dem Raichbergturm. »Früher hieß es, leicht hinter den Sattel sitzen«, sagt der Coach. So bekommt man aber keine Traktion aufs Vorderrad und es rutscht beim Bremsen weg. Besser, man lässt sich tiefer in den Sattel gleiten, stellt die Ellenbogen nach außen und belastet Vorder- und Hinterrad gleichmäßig. Der Körperschwerpunkt liegt nun über dem Tretlager. Das Ziel ist ein möglichst lastfreier Lenker. Ein bisschen erinnert die tiefe Haltung mit den ausgestellten Armen an einen Käfer. Doch so kommt tatsächlich weniger Druck auf den Lenker und der Fahrer hat die optimale Kontrolle, auch bei Treppen oder größeren Absätzen im Gelände.

Ein sicheres Fahrgefühl und die Kontrolle über das Rad ist auf allen Mountainbike-Strecken rund um Albstadt wichtig, die nach dem Kurs bezwungen werden wollen. Es stehen drei ausgewiesene Routen zu Auswahl, zwei sind an einem Wochenende machbar.

Zum Einstieg wartet die 21 Kilometer lange Sportrunde über Wiesen und Felder und rund ums Stadtgebiet. Die wohl beliebteste Strecke ist der Alb-Gold Wadenbeißer. Die knapp 18 Kilometer lange Runde mit rund 500 Höhenmetern besteht zu einem Drittel

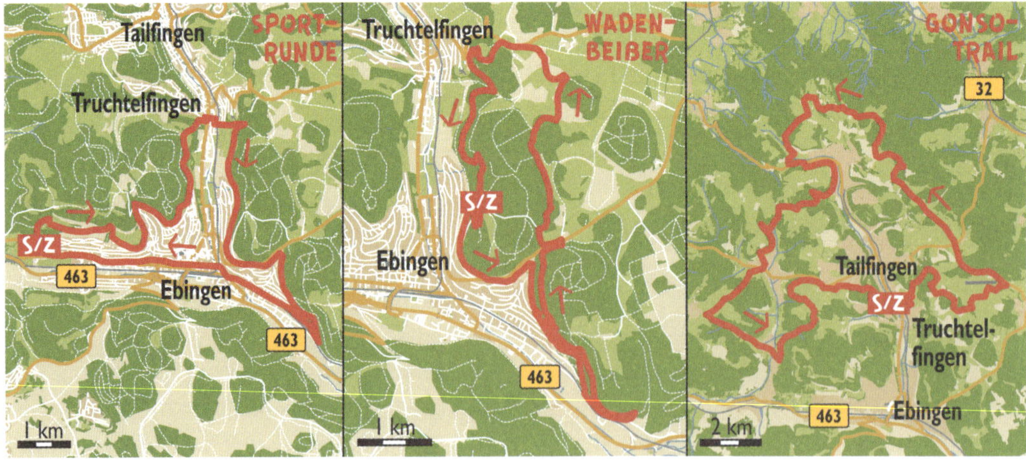

Die Burg Hohenzollern und Schafe gehören einfach auf die Schwäbische Alb.

aus Single Trails – also schmalen Pfaden – und hat überhaupt alles zu bieten, was das Mountainbiker-Herz höherschlagen lässt. Knackige Anstiege, steile Abfahrten und anspruchsvolles Terrain bietet auch der Gonso-Trail, der etwas über 45 Kilometer lang ist und knapp 1000 Höhenmeter hat. Dieser Trail ist die ideale Trainingstour für den nächsten Albstadt Bike Marathon, auf den man hier große Lust bekommt und der seit 1995 jährlich stattfindet. Die Marathon-Strecke – mit Start und Ziel in Albstadt – führt über 83 Kilometer und 2000 Höhenmeter über die Schwäbische Alb und verbindet alle neun Stadtteile von Albstadt. Auf der anspruchsvollen Strecke ist die Fahrsicherheit absolute Grundvoraussetzung, um in der Spur zu bleiben.

Tipp: Schwäbische Maultaschen mit Aussicht gibt es im Höhengasthof – Wanderheim Nägelehaus (www.naegelehaus.de).

On the Road: Der Camper wird auf dem Stellplatz abgestellt, weiter geht's mit dem MTB.

Beste Zeit: In der Radsaison.

Dauer & Strecke: Ein Wochenende. Die Sportrunde ist 21 km lang, der Wadenbeißer 18 km und der Gonso-Trail 45 km. Je nach Fitness-Level berechnet sich die Fahrzeit.

Ausrüstung: Mountainbike.

Wenn es Nacht wird: Den Blick auf die Schwäbische Alb bietet das ganzjährig geöffnete Sonnen-Camping Albstadt (www.sonnencamping.de).

FAZIT: EIN WOCHENENDE AUF DEM MOUNTAINBIKE MIT DEM PANORAMA DER SCHWÄBISCHEN ALB.

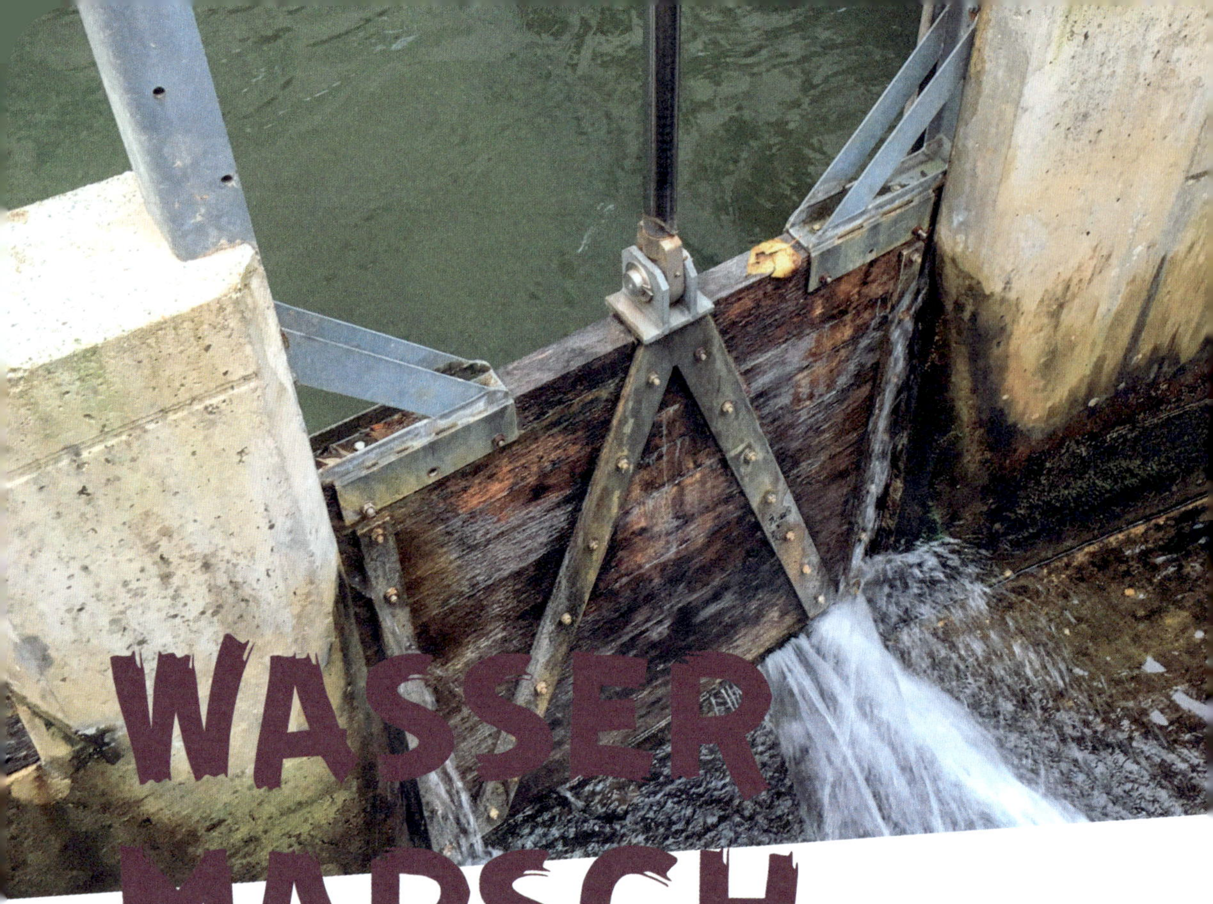

WASSER MARSCH

... in Augsburg

#46

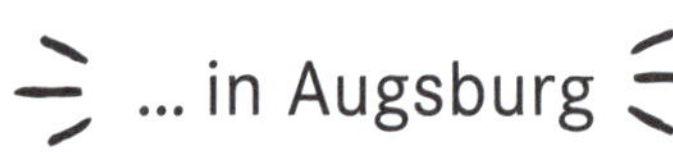

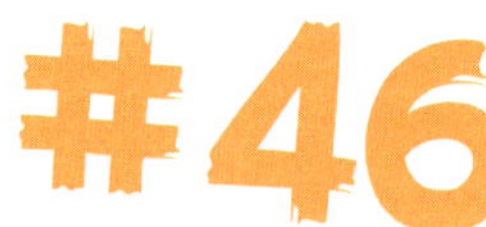

Augsburg kennt man als Fuggerstadt mit der ältesten Sozialsiedlung der Welt. Dass das städtische Wassersystem seit 2019 zum Welterbe zählt, ist vielen neu: Auf den Spuren von Trinkwasser, Kanälen und Brunnenkunst und unterwegs nach Blumenthal.

#mitallenWasserngewaschen #BayerischVenedig #aufSchlossBlumenthal

Im südlichen Stadtgebiet von Augsburg ragen gleich mehrere historische Türme in den Himmel. »Mit dem Bau des Großen Wasserturms wurde bereits 1412 begonnen«, erzählt Elisabeth Retsch, die seit über 30 Jahren durch Augsburg führt. Der Große Wasserturm ist der älteste in Mitteleuropa und war das ehemalige Reich des Wasserwarts, der bis 1879 für die Bereitstellung von Trinkwasser sorgte.

Modellhaft ist im Turm dargestellt, wie das Trinkwasser aus dem Lechtal in die zwölf Meter höher gelegene Augsburger Oberstadt kommt: dank des Wasserdrucks und dem Prinzip der kommunizierenden Röhren. Im Zentrum sprudelte es aus den Brunnen und den Rohrleitungssystemen direkt in die Häuser der betuchten Bürger. Ein Durchgang verbindet die beiden Wassertürme. Früher separierte eine hölzerne

Scheidewand das Trink- vom Gebrauchswasser. Augsburg hatte diese Trennung so früh wie vermutlich keine andere Stadt.

Auch auf dem Weg ins Zentrum kommt man am Wasser nicht vorbei. Mit den Brunnenbächen, Lech- und Wertachkanal, gibt es in Augsburg längere Wasserwege (über 100 Kilometer) und weit mehr Brücken (über 500) als in Venedig. Überall in der Innenstadt stößt man auf die Wasserläufe, so wie beim Schaurad am Schwallech. Das Rad ist ein Denkmal für die über 160 Wasserräder, die es im 18. Jahrhundert innerhalb und außerhalb der Stadtmauer gegeben haben soll. Knapp 80 Mühlen, darunter Getreide-, Säge-, Schleif-, Öl- und Poliermühlen, wurden so angetrieben.

Am Rathaus angekommen, erblickt man den Augustenbrunnen. Bereits gegen Ende des 16. Jahrhunderts verfügte Augsburg über weltweit einzigartige Monumentalbrunnen. Heute ist der Brunnen auf dem Marktplatz einer der drei Prachtbrunnen auf der Maximilianstraße.

On the Road: Während des Stadtspaziergangs in Augsburg bleibt der Camper auf dem Campingplatz stehen. Für die Radtour am nächsten Tag geht es 20 km von Augsburg nach Laimering.

Beste Zeit: Augsburg geht immer.

Dauer & Strecke: Ein Wochenende: 5 km lang ist die kostenlose Lauschtour WasSerleben in Augsburg, sie dauert rund 2 Std. Die Radtour auf dem Deutschherrenweg ist knapp 30 km lang und mit einer ausgiebigen Pause auf Schloss Blumenthal dauert sie gut 4 Std.

Ausrüstung: Rad und Ausrüstung.

Wenn es Nacht wird: Schön ist es auf dem ganzjährig geöffneten Campingplatz Bella Augusta in Augsburg (www.bella-augusta.de).

Mit den Wassertürmen, den Häusern für den Brunnenwart und dem Aquädukt ist das historische Wasserwerk am Roten Tor ein europaweit einzigartiges Denkmal (links). Im Schloss Blumenthal leben mehrere Familien ihren Traum vom alternativen Zusammenwohnen (rechts).

Die Wasserspiele bilden eine Trias, entsprechend der drei Stände der Reichsstadt: dem Herren-, dem Kaufmanns- und dem Handwerkerstand. Nach so vielen flüssigen Informationen meldet sich der Durst. In der Fuggerei gibt es im Restaurant Die Tafeldecker zum Wasser kreative Tapas (www.dietafeldecker.de).

Am folgenden Tag geht es in Laimering aufs Rad und durchs Wittelsbacher Land. Über Gallenbach kommt man zum Schloss Blumenthal, früher Sitz der Deutschordensritter und heute eine Gemeinschaft aus Erwachsenen und Kindern, die sich zusammengeschlossen haben und das Modell eines alternativen Lebens in Freiheit und Verantwortung für sich und füreinander wagen (www.schloss-blumenthal.de/start-2-2). Der Biergarten im Hof lädt zu einer Rast ein. Wieder auf dem Fahrrad erreicht man die Barockkirche Maria Birnbaum. Über einige kleine Dörfer führt die Tour zurück nach Laimering.

FAZIT: FEUCHTFRÖHLICH GEHT ES DURCH DIE WASSERSTADT. DAS WITTELSBACHER LAND ERLEBT MAN AM BESTEN BEIM RADFAHREN.

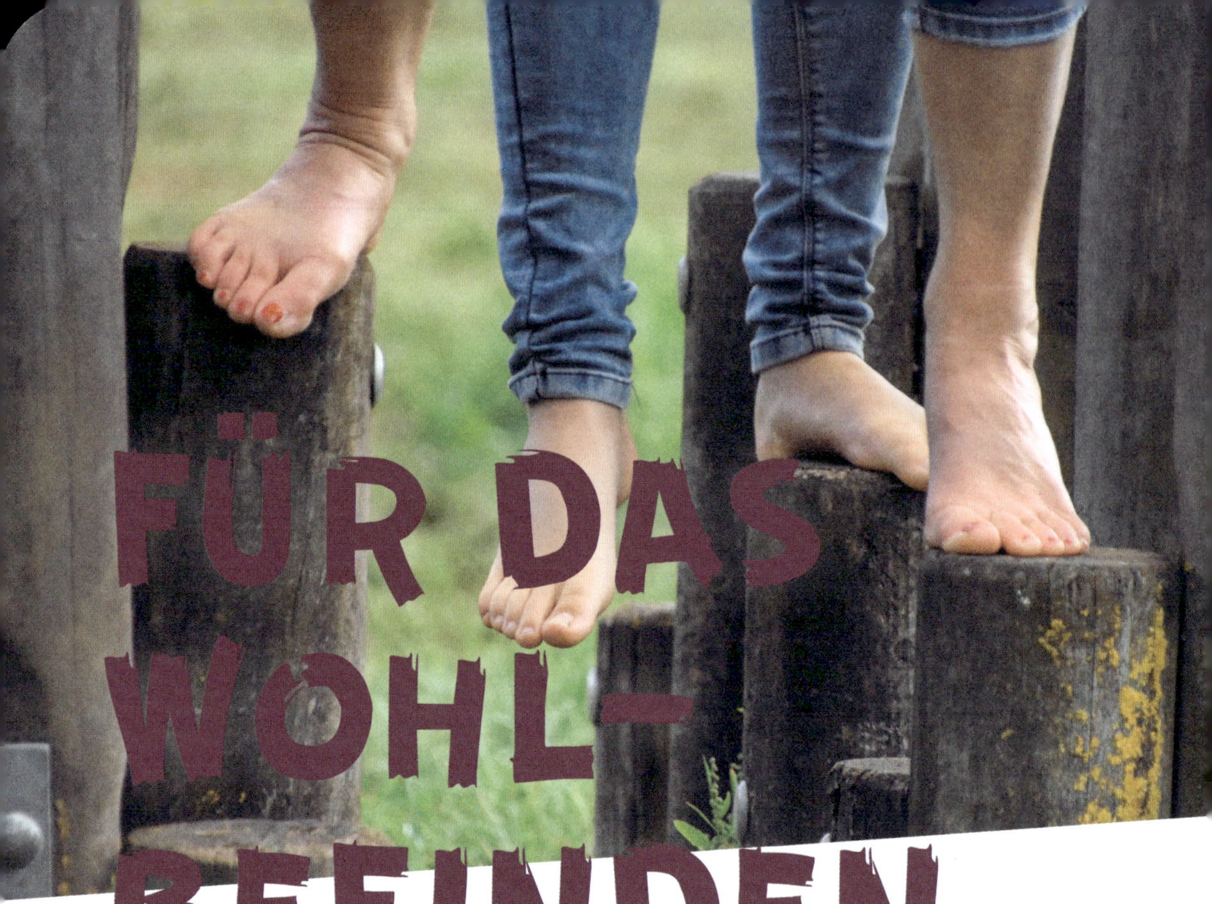

FÜR DAS WOHL-BEFINDEN

… entlang der Schwäbischen Bäderstraße

#47

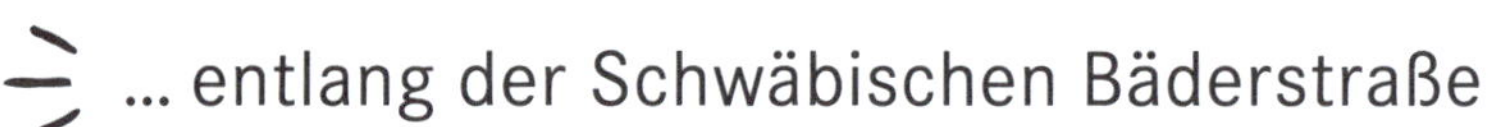

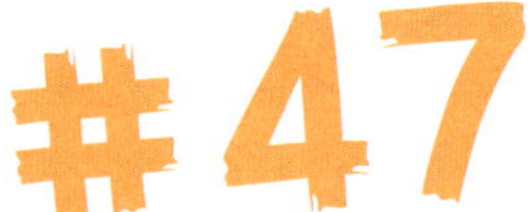

Zwischen Allgäu, Oberschwaben und dem Bodensee verläuft die Schwäbische Bäderstraße mit Wohltuendem für Körper, Geist und Seele. Bei dem Stopp in Bad Wörishofen geht es barfuß durch den Kurpark, beim Halt in Bad Buchau und Bad Saulgau spaziert man »übers Wasser«.

#fürdieSeele #Barfußlaufen #kurenundcampen #Kneippkultur

Die Bäderstraße führt durch sanft gewelltes Land, vorbei an Wiesen, Feldern und Wäldern. Wer fit ist, fühlt sich gut. Die neun Städte der Schwäbischen Bäderstraße haben dafür viel zu bieten: Mineralquellen, Moorbäder, Kneippanlagen und viel Natur. Langweilig? Abwarten!

In Bad Wörishofen geht es direkt zum Kur- und Vitalcamping, wo es zur Übernachtung auch Pauschal- und Schnupperangebote inklusive Kneippanwendungen und Massagen gibt. Wer die ausprobieren möchte, sollte ein paar Tage mehr einplanen und die Tour einfach andersherum fahren.

Im nahen Kurpark heißt es bei der geführten Barfußtour: »Wer sich Gutes tun möchte, muss Spaß daran haben.« Mit nackten Füßen läuft Barfußindianer Toni Fenkl durch die Grünanlage seines Heimatortes und überlegt nicht lange, wohin er tritt. Die Barfußneulinge folgen zögerlich über die 25 Stationen des Barfußpfades. Wohl wahr: Barfußlaufen härtet ab! Fenkls Motto ist: »Wer gut geht, dem geht es gut.« Ade Plattfuß, Senkfuß, Spreizfuß und Schweißfuß. Egal, ob sich große und kleine Steine bemerkbar machen oder der Schlamm zwischen den Zehen hindurchquillt – ganz neue, ungeahnte sinnliche Erfahrungen tun sich hier auf. Das Laufen ohne Schuhe fühlt sich immer besser an – es erdet und befreit gleichermaßen.

Bad Wörishofen und Sebastian Kneipp sind eng verbunden – über vier Jahrzehnte wirkte der Wasserdoktor hier. Im gleichnamigen Museum gibt es Wissenswertes über seine Lehre und im Café Schwermer sündigt man mit einem Stück Baumkuchentorte, der Spezialität des Hauses. Bevor es am nächsten Morgen zurück auf die Schwäbische Bäder-

Die Schwäbische Bäderstraße macht fit und munter. Kneippen und »unten ohne« gehören dazu.

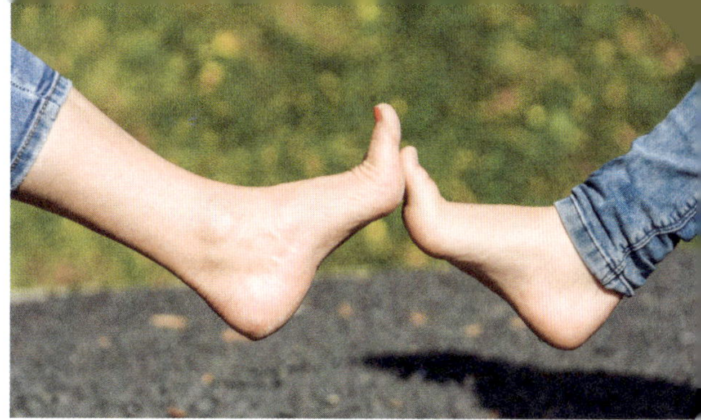

straße geht, gibt es noch einen Espresso, und gemäß der Kneipp'schen Philosophie heißt es dann: einfach die Arme bis zum Ellbogen in eines der 23 Becken des Kurorts tauchen. Ein frisches Gefühl!

Das nächste Ziel ist Bad Buchau. Der Federsee ist einzigartig in Europa: Über den Moorgrund führt ein knapp eineinhalb Kilometer langer Steg durch Schilf und Feuchtwiesen. Nur zwölf Kilometer entfernt liegt Bad Saulgau, das neben Mineralwasser auch auf Artenvielfalt setzt. Die Stadt ist mit ihrer Biodiversitätsstrategie Beispielkommune des NABU-Landesverbandes. Auf den Spuren von Wassertieren und Pflanzen wandert man auf dem Themen- und Erlebnisweg Wasser. Los geht es an der Therme. Hölzerne Stege führen über Wasserläufe. Umgestürzte Bäume zeugen von der Wiederansiedlung der Bieber. Im nahen Wald gibt es auch wieder etwas für die Füße, nämlich ein Schlammbad im Bach.

Tipp: Wer mehr Zeit hat, übernachtet zusätzlich in Bad Buchau. Direkt am Kurpark und bei der Adelindis Therme liegt der zweitbeliebteste Stellplatz Deutschlands, laut Promobil Leserwahl. Nähere Infos zum Stellplatz gibt's auf www.bad-buchau.de unter der Rubrik Gastgeber.

FAZIT: WER SAGT, DASS GESUNDES LANGWEILIG IST, KANN SICH HIER VOM GEGENTEIL ÜBERZEUGEN.

On the Road: Von Bad Wörishofen entlang der Bäderstraße bis nach Bad Saulgau sind es rund 100 km. Insgesamt ist die Schwäbische Bäderstraße 180 km lang.

Beste Zeit: Diese Tour entschleunigt immer, aber auf dem Barfußpfad läuft es sich in der warmen Jahreszeit natürlich angenehmer.

Dauer & Strecke: 2 Tage. Der Barfußweg im Kurpark in Bad Wörishofen ist gut 2 km lang und macht sowohl ohne als auch mit Führung (www.tonifenkl.jimdofree.com) Spaß, Dauer 1,5 Std. Rund 1,5 km, eine halbe Stunde, geht es über den Federsee in Bad Buchau, und 3.5 km lang ist der Themen- und Erlebnisweg Wasser in Bad Saulgau, Gehzeit 1,5 Std.

Ausrüstung: Alle Wanderungen lassen sich auch ohne Schuhe erspüren.

Wenn es Nacht wird: Komfortabel ist das Kur- und Vitalcamping in Bad Wörishofen mit Mini-Kur für Camper (www.kurcamping-bad-woerishofen.de). Großzügig ist der Stellplatz an der Therme in Bad Saulgau (nähere Infos gibt's auf www.bad-saulgau.de unter der Rubrik Sonnenhof-Therme > Überblick).

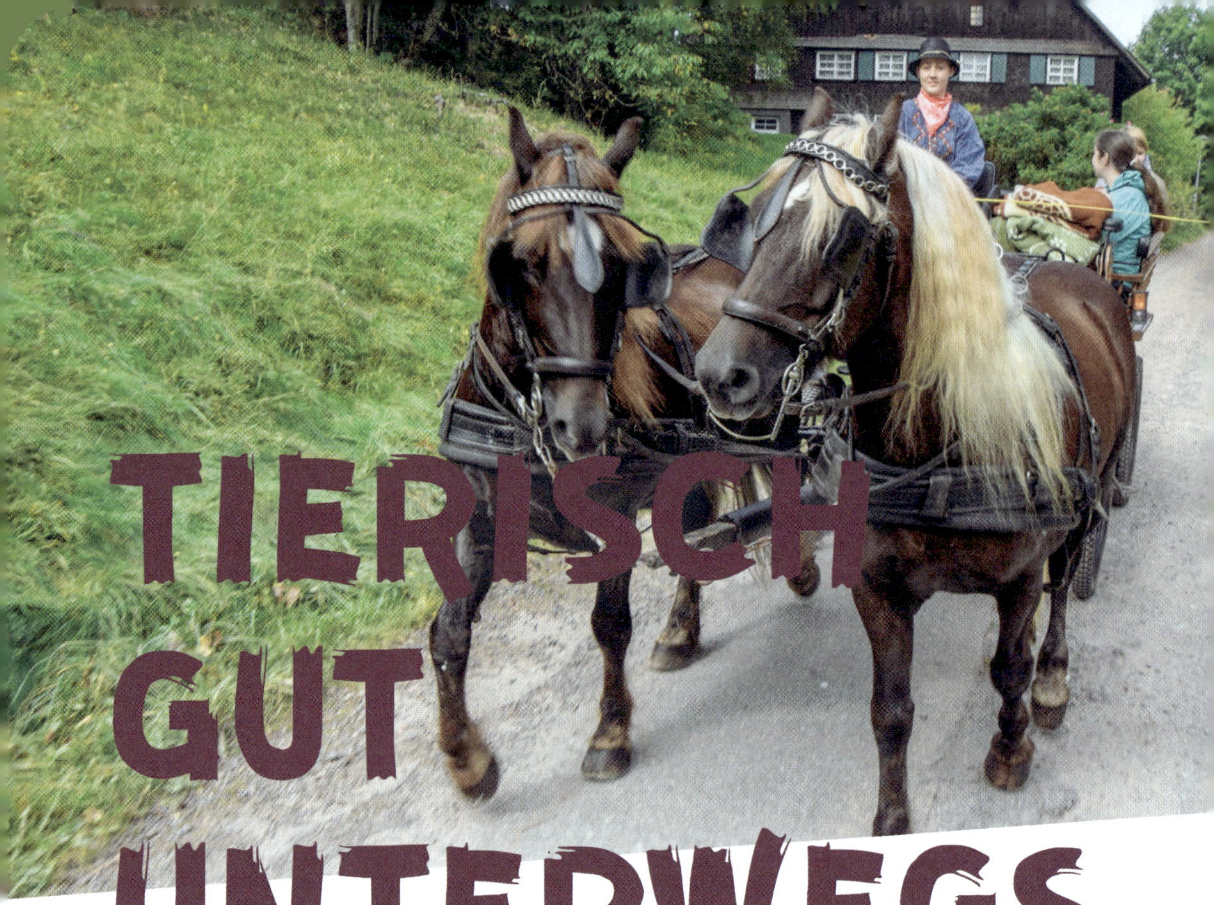

TIERISCH GUT UNTERWEGS

... im Südschwarzwald

#48

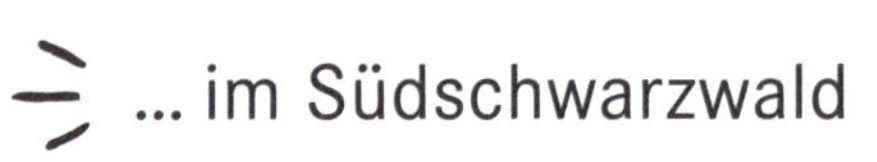

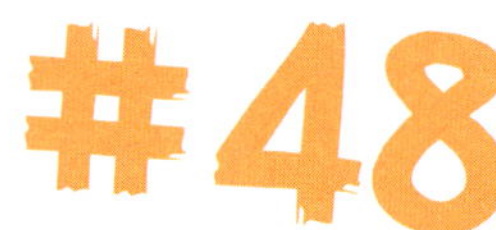

Gut ausgebaute Wege führen zum Raimartihof am Feldsee. Wer die Schwarzwälder Füchse besser kennenlernen möchte, kann dorthin auch mit der Kutsche vom Bartleshof fahren. Danach geht es zum Erholen auf den Campingplatz Schwarzwälder Hof in Seelbach.

#Füchse #Raimartihof #WellnessCamping #durchdenSchwarzwald

Auf dem Bartleshof leben die Schwarzwälder Füchse.

Wer statt mit den Schwarzwälder Pferden lieber auf Schusters Rappen unterwegs ist, parkt am Wanderparkplatz Kunzenmoos. Der Weg, der nach rechts abgeht, ist breit und gut ausgebaut. Nach und nach steigt er leicht an. Alleine ist man hier nie. Knapp vier Kilometer sind es zum Raimartihof (www.raimartihof.de), der an der Ostflanke des Feldberges in 1112 Meter Höhe liegt. Der Familienbetrieb ist über 300 Jahre alt und wird in der sechsten Generation geführt. Auch wenn noch Rinder und Ziegen gehalten werden, steht die Gastronomie im Vordergrund. Bevor eingekehrt wird, lohnt sich ein Abstecher zum zehn Minuten entfernten Feldsee.

Das Becken des Karsees hat sich bereits in der Eiszeit gebildet. Über dem Wasser erhebt sich die See-Wand, die aus dem Wald ragt. In den sonnigen Felsen sind viele Alpenpflanzen zu finden, Bannwald umgibt den Feldsee nach Osten und Norden. Das Gewässer ist ein geschütztes Naturparadies, daher ist Baden verboten. Wer Ruhe sucht, findet hier idyllische

Kuckucksuhren hängen im Kloster Museum St. Märgen (links). Gegenüber im Café Goldene Krone gibt es Schwarzwälder Kirschtorte.

Plätze zum Picknicken. Über den Raimartihof geht es wieder zurück zum Parkplatz.

Der Raimartihof ist für den Auto-Verkehr gesperrt. Kutschen haben freie Fahrt, beispielsweise vom Bartleshof. Hier züchtet Familie Feser Schwarzwälder Füchse, die robust, gutmütig und arbeitswillig sind. Zwei braune Kaltblüter mit den typischen hellen Mähnen ziehen die Kutsche. Auch die entgegenkommenden Autos bringen die Zugpferde nicht aus der Ruhe. Ein Ruck an den Zügeln und die beiden Pferde biegen rechts in den Weg zum Traditions-Gasthof ab. Im Gleichklang traben sie dahin und schütteln dabei ab und zu die Köpfe, sodass die blonden Mähnen nur so fliegen. Das helle Haar ist bei der Zucht durchaus erwünscht.

Hauptzuchtgebiet der St. Märgener Füchse, wie die Tiere auch genannt werden, war der südliche Schwarzwald mit seinen angrenzenden Regionen. Durch die Technisierung der Land- und Forstwirtschaft war die Rasse Mitte des 20. Jahrhunderts fast ausgestorben. Kaum zu glauben, denn die Pferde sind einfach nur liebenswert und lassen sich gerne mit Streicheleinheiten verwöhnen.

Nach dem Ausflug zum Raimartihof und dem Feldsee geht es durch den Schwarzwald mit dem Wohnmobil nach Seelbach und zum Camping Schwarzwälder Hof, inklusive Hallenbad und Erlebnissaunen.

On the Road: Von Hinterzarten nach Seelbach sind es rund 70 km. Vom Campingplatz in Seelbach kann man direkt loswandern, beispielsweise ins Schuttertal.

Dauer & Strecke: 2 Tage; die Wanderung von Kunzenmoos zum Raimartihof ist hin und zurück rund 8 km lang, 2 Std., ähnlich wie die Kutschfahrt, die gut 1 Std. dauert.

Beste Zeit: Wandern und Wellness gehen immer. Mehr zum Bartleshof in Bruderhalde bei Hinterzarten unter www.bartleshof-hinterzarten.de

Ausrüstung: Wanderschuhe, Bade- und Saunatücher.

Wenn es Nacht wird: Camping am Schwarzwälder Hof in Seelbach – mit Schwimmbad und Wellnessbereich, deren Besuch in der Stellplatzgebühr enthalten ist (www.spacamping.de).

Tipp: Auf der Fahrt nach Seelbach unbedingt die Schwarzwälder Kirschtorte der Landfrauen in der Goldenen Krone in St. Märgen probieren (www.cafe-goldene-krone.de).

FAZIT: WANDERN UND WELLNESS PASSEN EINFACH GUT ZUSAMMEN.

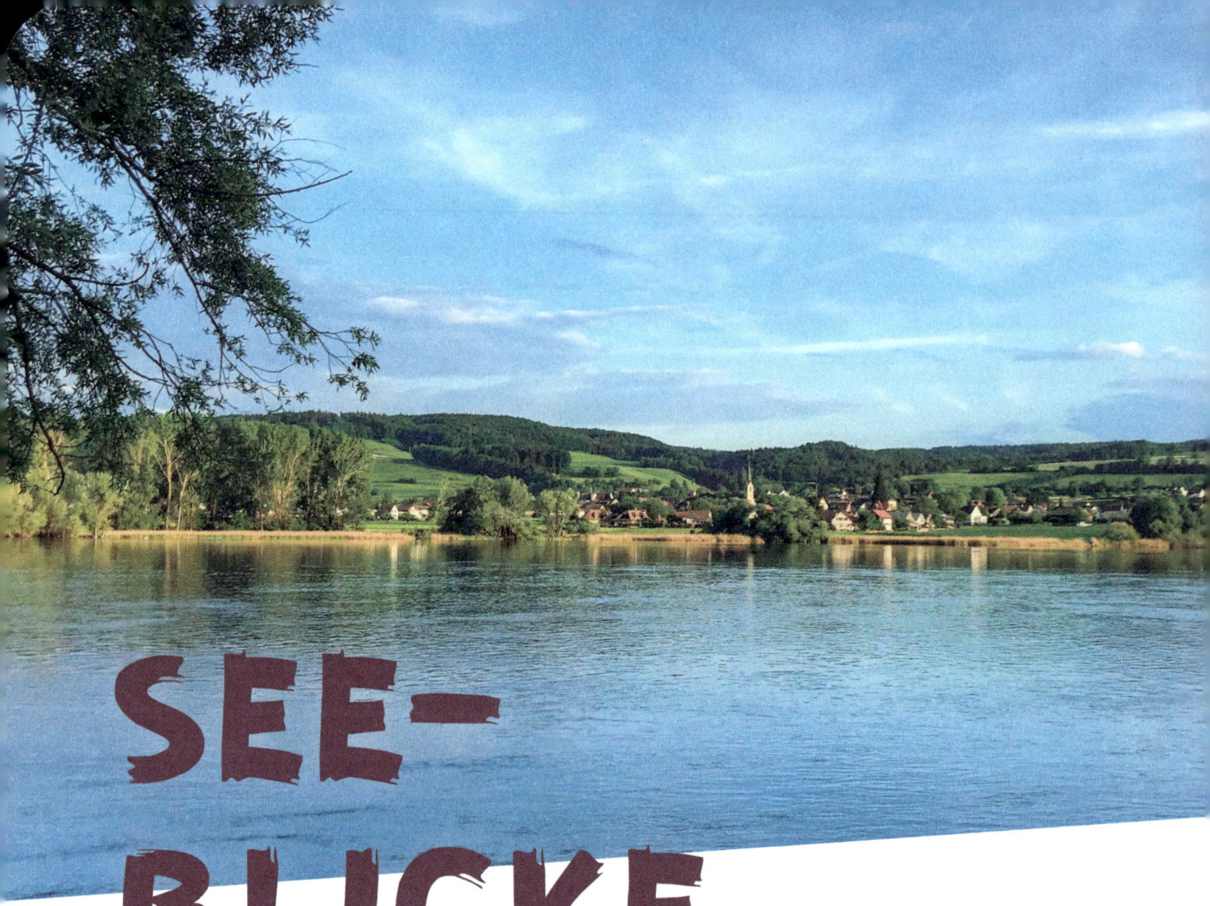

SEE-BLICKE

... am Untersee

#49

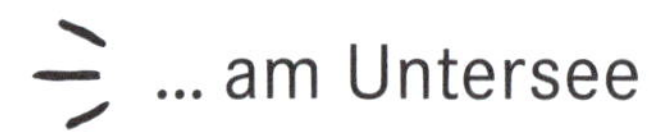

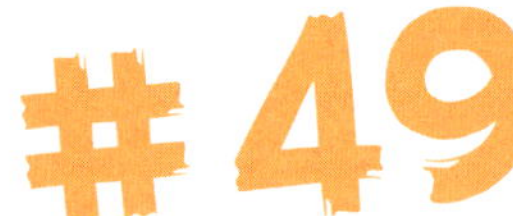

Der Bodensee ist ein beliebtes Ziel – naturnah und beschaulich ist noch die Höri, die urwüchsige Halbinsel zwischen Radolfzell und dem schweizerischen Stein am Rhein: In 80 Kilometern mit dem Fahrrad um den Untersee. Wald-Abenteuer bietet die Klingenbachschlucht.

 #ganzschönstrampeln #Raderlebnis #Entschleunigung #DschungelFeeling

An St. Georg kommt jeder vorbei, der die Reichenau besucht.

Radolfzell ist ein guter Startpunkt für die Radtour. Hier gibt es gleich zwei Wohnmobilstellplätze in Seenähe. Duschen, WC und kostenloses WLAN bietet der größere Platz, der auf der Mettnau liegt. Über eine Allee radelt man auf die Höri und am Seeufer entlang. Vom Friedhof in Horn bietet sich ein besonders schöner Blick über den Untersee, die Reichenau, Konstanz und bis zu den Alpen. Zeit zum Durchschnaufen. Nicht weit entfernt ist das Strandbad – Abkühlung gefällig?

In Gaienhofen verlockt der Garten des Mia- und Hermann-Hesse-Hauses zu einem Blick über den Zaun in das grüne Paradies, das der Dichter selbst geplant und angelegt hat. Im benachbarten Hemmenhofen wohnte der Maler Otto Dix. Sein Wohnhaus ist heute ein Museum, das zum Kunstmuseum Stuttgart gehört. Mit etwas Glück begegnet einem auch der ein oder andere Storch am See, denn in Böhringen kümmert sich Storchenvater Wolfgang Schäfle um über 30 Paare. Vollauf zufrieden mit sich und der Welt, stellt sich bald ein angenehmer Rad-Rhythmus ein.

In Wangen entführt das Archäologische Museum in die Kulturen des 5. bis 1. Jahrtausends vor Christus. Die Pfahlbauten, die hier gut verborgen im Wasser schlummern, gehören zu

Für die Radtour genug Zeit einplanen – zum Innehalten und Pausieren.

den ältesten am Bodensee und sind Teil des UNESCO-Weltkulturerbes. Das Rad fliegt nur so nach Kattenhorn hinunter, wo die schmucken Häuschen und grünen Oasen für mediterranes Flair sorgen. Kurz vor der Schweizer Grenze geht der See in den Rhein über. Über die Rheinbrücke erreicht man die andere Flussseite. Auf einer Mini-Insel steht das Kloster Werd – unbedingt im Labyrinth abtauchen!

Dann windet sich der Radweg ein Stück den Berg hinauf, vorbei an Obstplantagen und

Weinbergen. Gottlieben am Seerhein ist mit rund 300 Einwohnern das kleinste Dorf am Untersee – herrschaftliche Riegelbauten und die Gottlieber Hüppen, feinste Konditorkunst aus Schokolade, laden zu einer Pause ein. Das Wollmatinger Ried ist das bedeutendste Naturreservat am deutschen Bodenseeufer und umgibt Konstanz.

Ein Abstecher auf die Reichenau über die 1300 Meter lange Pappelallee lohnt sich. Im benachbarten Allensbach ist die Tour fast vorbei – noch zehn Kilometer bis Radolfzell und zum Abenteuerende. In der ersten Reihe genießt man den Sonnenuntergang im Strandcafé Mettnau (www.strandcafe-mettnau.de).

Am nächsten Tag ist Erholung angesagt und nur eine kurze Wanderung durch die Klingenbachschlucht bei Öhningen geplant – Dschungel-Feeling pur. Dorthin nimmt man am besten den Bus. Efeublätter ranken sich um grün bemooste Stämme, Vögel trällern, gurren und zwitschern um die Wette, und bei Sonnenschein entstehen helle Muster auf den steilen Wänden links und rechts des schmalen Pfades. Wie gut, dass sich hier höchstens mal eine Ringelnatter über den Waldboden schlängelt.

FAZIT: RADELN, WANDERN, ENTDECKEN, GENIEßEN, BADEN ... EIN SPORTLICHES WOCHENENDE AM UNTERSEE MIT VIEL ABWECHSLUNG.

On the Road: Erster Stopp und Start für die Radtour ist Radolfzell. Von Radolfzell nach Öhningen sind es mit dem Camper 15 km. Die Wanderung durch die Klingenbachschlucht startet am Sportplatz in Öhningen, wo auch der Camper bleiben kann.

Beste Zeit: Im Mai, Juni und September ist hier auf den Radwegen weniger los.

Dauer & Strecke: 2–3 Tage. Rund 80 km sind es um den Untersee, Fahrzeit 6 Std. Wem das zu viel ist, der kann in den Häfen aufs Schiff (www.urh.ch) oder an den Bahnhöfen in den Seehas umsteigen. Die Wanderung durch die Klingenbachschlucht ist hin und zurück insgesamt 5 km lang, Gehzeit 2 Std.

Ausrüstung: Fahrrad, ausreichend Wasser und natürlich festes Schuhwerk für die Wanderung durch die Klingenbachschlucht. In Radolfzell gibt es übrigens auch einen E-Bike-Verleih (www.zweirad-joos.de).

Wenn es Nacht wird: Neuer Stellplatz in Seenähe auf der Mettnau bei Radolfzell, nähere Infos gibt's auf www.radolfzell-tourismus.de unter der Rubrik Planen & Buchen. Wer mit dem Rad noch nach Konstanz oder auf die Reichenau möchte, findet einen kleinen Campingplatz in Markelfingen (www.campingplatz-markelfingen.de), von dem es rund 15 km nach Konstanz und auf die Reichenau sind. Öhningen besitzt keine offiziellen Wohnmobilstellplätze.

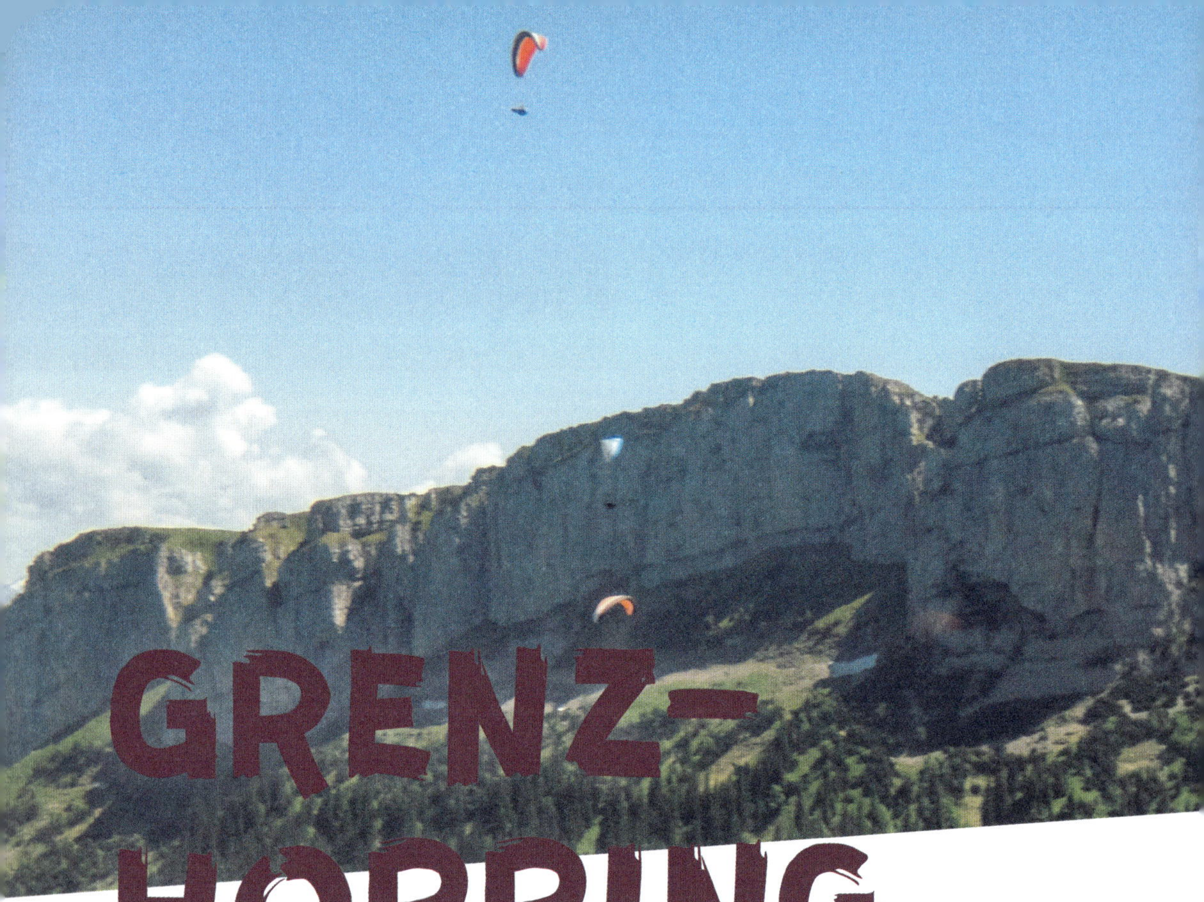

GRENZ-HOPPING

… rund um den Bodensee

#50

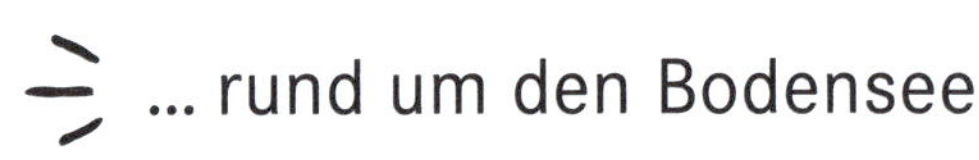

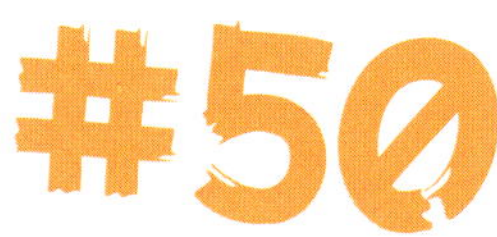

Von Lindau über Bregenz nach Vaduz und St. Gallen: In der Vierländerregion Bodensee mit Deutschland, Österreich, der Schweiz und dem Fürstentum Liechtenstein reist man innerhalb kürzester Zeit gleich durch vier Länder. Vom Canyoning bis zur City-Tour ist alles dabei.

#einWochenendeundvierLänder #Roadtrip #Canyoning #Berglust

Die internationale Tour startet in Lindau. Im Hafen auf der Altstadtinsel beginnt der Tag früh, Segel- und Motorboote laufen aus und in der Ferne lichtet sich der Frühnebel und gibt die ersten Berggipfel frei. Auf dem Rückweg zum Parkplatz vor der Seebrücke (Karl-Bever-Platz) gibt es vor der Abfahrt nach Bregenz noch einen Espresso im Literatur-Café Augustin.

Bevor die Wanderung durch den »Canyon« losgeht, macht Günter Karg vom Canyoning Team Vorarlberg klar: »Alle müssen sich konsequent an meine Anweisungen halten.« Die Neoprenanzüge sitzen wie angegossen und nach der Einweisung geht es in die Bregenzerach – im Gänsemarsch wandert man durchs 15 Grad kalte Wasser. Das erste Highlight ist ein beeindruckender Wasserfall – anfangs finden die Beine am Felsen Halt, dann hört das Seil plötzlich auf. Wer nicht mitten im Wasserfall hängen bleiben möchte, lässt los. Im freien Fall geht es abwärts.

Die Stimmung in der Schlucht ist magisch und erinnert an einen Fantasy-Film mit viel Weichzeichner. Senkrecht ragen die dunklen Felswände nach oben, an denen sich die Strahlen der Sonne brechen. Beim Laufen über die

Bregenz am österreichischen Ufer.

glitschigen Steine geht jegliches Zeitgefühl verloren. Die wichtigste Frage ist: »Was wartet hinter dem nächsten Felsen?« Mal ist es eine steinerne Rutsche, mal ein Absprung ins gurgelnde Wasser. Die Anspannung geht mehr und mehr in freudige Erwartung über. Viel zu früh kommt die Ausstiegsstelle. Zurück im Wohnmobil gibt es Tee zum Aufwärmen. Und wer kein Canyoning mag, wandert stattdessen in Bregenz auf den Pfänder (www.pfaender.at).

Immer lockt das Wasser – und manchmal auch die Seebühne in Bregenz (unten).

Weiter geht es nach Vaduz und auf dem Campingplatz Mittagsspitze klingt der Tag bei einer One Pot Pasta aus. Am nächsten Morgen warten 400 Kilometer Wanderwege, die es zu entdecken gilt. Vom Parkplatz am Gänglesee bei Triesenberg-Steg führt ein Weg am rauschenden Valünabach entlang zur Alp Valüna. Im Alpbeizli schmeckt der Käse besonders lecker. Der Abstieg ist leicht zu bewältigen und kaum eine Stunde später steht das Wohnmobil schon auf dem Spelteriniplatz in St. Gallen.

Ein Bummel zur Fürstabtei St. Gallen, ein Kloster verschiedener Baustile, lohnt sich. Zum Gebäudekomplex gehört auch eine Bibliothek mit einer umfassenden Sammlung alter Bücher, die auch zum UNESCO-Welterbe zählt. Schön anzuschauen sind die Gebäude in der Altstadt, bei denen kein Erker dem anderen gleicht. Wer noch einen Tag dranhängen kann, fährt weiter ins Appenzellerland. In Schwende empfiehlt sich ein Besuch der kleinen Kapelle St. Michael, auch Wildkirchli genannt, die in einer Höhle auf rund 1600 Metern liegt. Von St. Gallen sind es 50 Kilometer zurück nach Lindau.

Tipp: Wer schon immer einmal Steinadler aus nächster Nähe und in ihrem natürlichen Lebensraum bewundern wollte, der geht in Liechtenstein auf die Wanderung mit den Königen der Lüfte (www.galina.li).

On the Road: Die Vierländertour ist knapp 200 km lang und führt entlang des Sees und über idyllische Bergstraßen.

Beste Zeit: Von Frühjahr bis Herbst, ab Frühsommer macht auch das Canyoning so richtig Spaß. Mehr zum Canyoning Team Vorarlberg unter www.canyoning-team.com

Dauer & Strecke: 2 Tage, mit Übernachtung in Liechtenstein. Rund 40 Min. und 3 km sind es vom Parkplatz am Gänglesee bei Triesenberg-Steg zur Valüna Alp (www.alp-beizli.ch/alp-valuna). Das Canyoning dauert 3 Std., genau wie die Erlebniswanderung mit dem Steinadler.

Ausrüstung: Etwas Sitzfleisch für die Fahrt.

Wenn es Nacht wird: Campingplatz Mittagspitze in Triesen in Liechtenstein (www.campingtriesen.li/anreise).

FAZIT: DAS BESTE AUS VIER LÄNDERN: SEE, ABENTEUER, BERGE UND KULTUR.

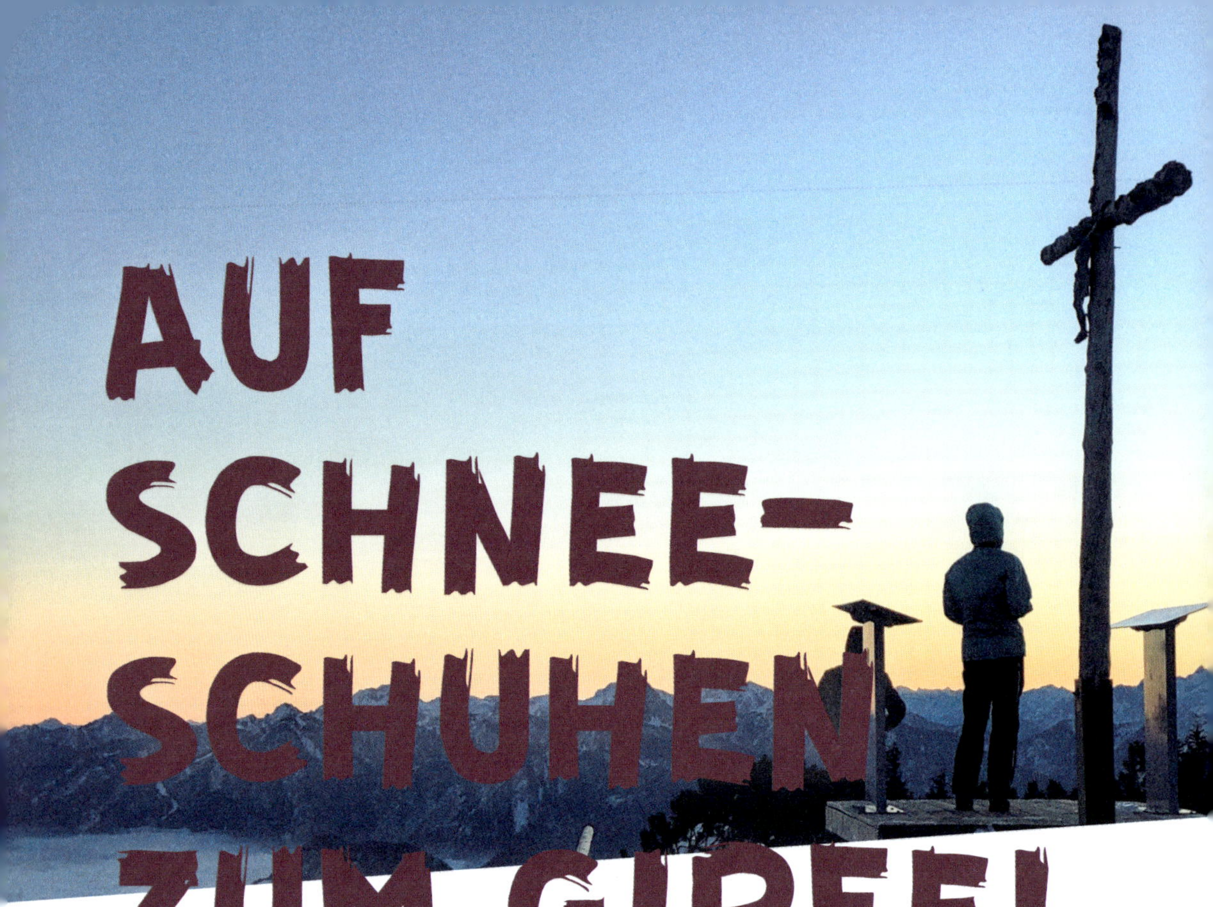

AUF SCHNEE-SCHUHEN ZUM GIPFEL

... im Allgäu

#51

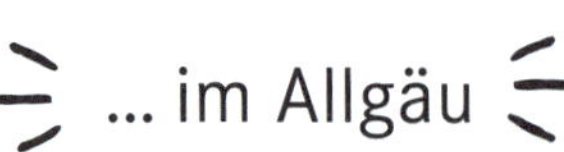

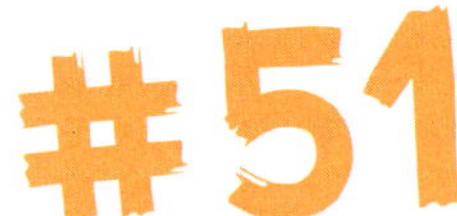

Kurz hinter Pfronten beginnt das Schneeschuhabenteuer Gipfellicht – 800 Höhenmeter sind es vom Startpunkt der Tour bis zur Ostlerhütte auf dem Breitenberg. Dort oben warten ein spektakuläres Panorama und selbst gemachte Gerichte.

#Gipfeltour #durchdenSchnee #Gipfelkino #HüttemitHerz

Bereits bei der Anreise auf der A7 tauchen die ersten weißen Gipfel des Alpenvorlands auf und machen schlagartig Lust auf mehr. Immer näher rückt die Allgäuer Bergwelt, so richtig weiß wird's im Tal allerdings erst kurz vor dem Startpunkt der geführten Schneeschuhwanderung, die auch auf eigene Faust als Winterwanderung gemacht werden kann – mit oder ohne Schneeschuhe.

Der Treffpunkt ist der Parkplatz der Achtentalstraße unterhalb des Breitenbergs. Dort bleibt auch der Camper. Der 1838 Meter hohe Riese über dem Pfrontener Tal wird noch vom Gipfel des Aggenstein daneben überragt. »Das erste Stück gehen wir auf der Rodelbahn«, sagt Bergführer und Touren-Guide Alexander Grotz. »Dann geht es ins Gelände.« Jeder bekommt Schaufel, Lawinensonde und -suchgerät.

Schöner geht nicht! Blick von der Hütte mit Herz (links).

Dann endlich: Schneeschuhe an und los – immerhin sind es rund acht Kilometer zur Hütte, die direkt auf dem Gipfelgrat thront. 800 Höhenmeter sind kein Pappenstiel. Sanft steigt der präparierte Weg an, den sich Wanderer, Rodler und Skitourengeher teilen. Bald ist ein Rhythmus gefunden.

Abseits des Weges geht es über den knirschenden Schnee zur Jägerhütte, hier erholen sich die Förster von der Pirsch. Eine Gämse auf Futtersuche kreuzt den Weg und lässt sich erst einmal nicht stören. Es ist ganz still hier oben, nur das Aufsetzen der Schneeschuhe ist zu hören. Inzwischen ist kein Weg mehr zu sehen und die Schneeschuhe suchen sich ihren Halt im Gelände, das immer mehr ansteigt. Beim Verschnaufen geht der Blick zurück, zur grandiosen Kulisse aus unzähligen Gipfeln. Mit jedem gewonnenen Höhenmeter kommen weitere Bergspitzen dazu und die Allgäuer und Tiroler Alpen breiten sich bis zum Horizont aus.

In der Ferne tauchen ein paar größere Schneehügel auf, die sich beim Näherkommen als Iglus entpuppen. Jetzt sieht man endlich die Fahne der Ostlerhütte. Ein Ansporn für die letzten 150 Höhenmeter. Kehre um Kehre geht es steil nach oben – ein Schritt nach dem anderen. Dann ist das Ziel erreicht. Wow! Das Panorama von der Sonnenterrasse ist unbeschreiblich, bis zum Säntis in der Schweiz schweift der Blick.

Die Strapazen des Aufstiegs sind vergessen und im Liegestuhl ist genügend Zeit fürs Berg-

---

On the Road: Am Ortsrand von Pfronten-Weißenbach ist Platz für den Camper und zugleich der Startpunkt der Wanderung. Vom Breitenberg nach Österreich ist es am nächsten Tag nur ein Katzensprung für den Camper.

Beste Zeit: Im Winter, wenn Schnee liegt.

Dauer & Strecke: Ein Wochenende. 8 km sind es zur Ostlerhütte, geführte Touren findet man auf www.pfronten.de unter der Rubrik Touren. Die Gehzeit beträgt rund 4 Std.

Ausrüstung: Winterfunktionskleidung, eventuell Schneeschuhe.

Wenn es Nacht wird: Am Ortsrand von Pfronten-Weißenbach liegt ein großer Stellplatz (www.wohnmobilstellplatz-pfronten.de). Im Wirtshaus Wiesel gibt es frisch gezapftes Bier und Haxen.

So bunt ist es beim Internationalen Ballonfestival im Tannheimer Tal.

Kino. Auf Tafeln stehen die Tagesgerichte – regional, saisonal und vor allem selbst gemacht. Ins Tal zurück geht es entweder auf dem direkten Wanderweg (rund eine halbe Stunde zu Fuß) oder mit der Bergbahn. Im Rahmen einer nachhaltigen Bewirtschaftung ist auch der Müll mit im Gepäck.

Für den zweiten Tag bietet sich ein Abstecher ins schöne Tannheimer Tal nach Österreich an: zum Wandern, Skifahren, Langlaufen oder einfach zum Genießen der Berge.

FAZIT: EINE WINTERWANDERUNG AUF DEN GIPFEL MIT ATEMBERAUBENDEM BERGKINO UND HÜTTEN-GAUDI.

AB INS TAL

Einmal um den See herum, vorbei an den einladenden Hütten mit dem Blick auf die Berge – das macht Spaß. Im Winter geht es mit dem Schlitten zurück ins Tal. Und im benachbarten Österreich kann man viele Kraftplätze erleben und dabei Energie schöpfen.

#Wanderfreuden #Hüttengaudi #vollerEnergie #Grenzübertritt

Auf der österreichischen Seite laden kleine Brennereien zum Probieren ein (Mitte).

Rund um den Spitzingsee in Oberbayern erheben sich die Schlierseer Berge als Teil der Bayerischen Voralpen. Nicht weit ist es bis zur Grenze nach Österreich und zum Kaisergebirge im Osten sowie zur Seenlandschaft im Westen. Die Wanderung mit Spaßfaktor beginnt am Parkplatz des Spitzingsees. Zuerst geht es am Ufer entlang und dann über den Kratzerweg, parallel zum Firstgraben, bis zur Unteren Firstalm (www.unterefirstalm.de). Wer bereits hungrig oder durstig ist, kann in der gemütlichen Hütte oder auf der Terrasse

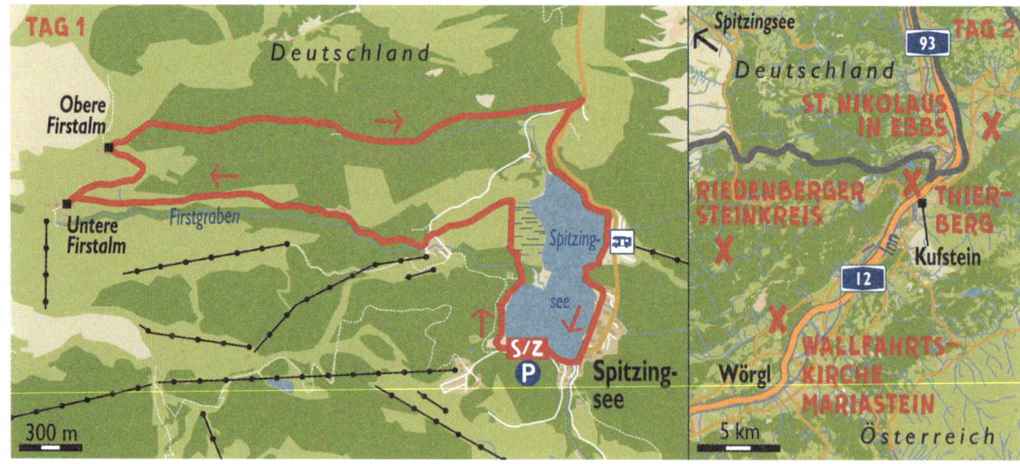

rasten – mit Blick auf die Skipiste und zünftiger Musik.

Nur wenige hundert Meter sind es zur höhergelegenen Oberen Firstalm (www.firstalm.de), die mit Kaiserschmarren punktet – innen fluffig, außen knusprig karamellisiert. Sehr lecker sind auch die Käsespätzle. Im Winter kann man von hier über den Trautweinweg hinabrodeln. Schlitten werden gegen Gebühr verliehen und bleiben am Ende des Weges im Tal stehen. Wer nicht rodeln mag, läuft hinab. Über die andere Seeseite geht es wieder zurück zum Parkplatz.

Am nächsten Tag passiert man die Grenze nach Österreich. Die Kraftplätze zwischen Spitzingsee und Kufstein waren schon immer da, sie sind älter als alle Traditionen und die Menschheit selbst. Wanderführer Harald Löffel kennt sie gut und führt auch zu einer kreisförmigen Lichtung im Wald – dem Steinkreis von Riedenberg. Sieben Steine sind hier gesetzt, einer in der Mitte, sechs drumherum. Löffel vergleicht sie mit Akupunkturnadeln und ist überzeugt, dass besonders feinfühlige Menschen ihre Energieströme spüren.

Der Wanderführer kennt viele solcher Kultplätze in der Umgebung, und alleine auf der Website des Tourismusverbands Kufstein sind unzählige gelistet: vom Steinkreis über Quellen bis hin zu einigen Kapellen und den offiziellen Wallfahrtsorten, wie der Thierberg-Kapelle, der St. Nikolaus Kirche in Ebbs und der Wallfahrtskirche Mariastein zwischen Wörgl und Kufstein.

Tipp: Wie wär's mit einem Besuch beim Federkielsticker in Thiersee (www.federkielstickerei-thiersee.at)?

FAZIT: BERGE, SEEN UND KRAFTPLÄTZE ZWEIER LÄNDER.

On the Road: Vom Spitzing- an den Schliersee sind es 10 km.

Beste Zeit: Jede Jahreszeit hat ihren Reiz.

Dauer & Strecke: 2 Tage; die gesamte Wanderung rund um den Spitzingsee ist 8,5 km lang und dauert 2,5 Std.

Ausrüstung: Im Sommer: Wanderschuhe; im Winter: Schneeschuhe, Schlitten.

Wenn es Nacht wird: Einen gebührenpflichtigen Stellplatz gibt es direkt am Spitzingsee, es ist auf www.promobil.de gelistet.

SONST NOCH WICHTIG

IM NORDEN

STRÄNDE, VÖGEL, WATT UND WEITE

IM HERZEN

WILDES LAND & HIPPE STÄDTE

IM SÜDEN

BERGE, TÄLER UND SEEN

Ein- und Überblick

Eine Karte für den schnellen Überblick, praktische Tipps, mehr über die Autorin sowie ein Ortsregister zum schnellen Nachschlagen gibt es auf den folgenden Seiten.

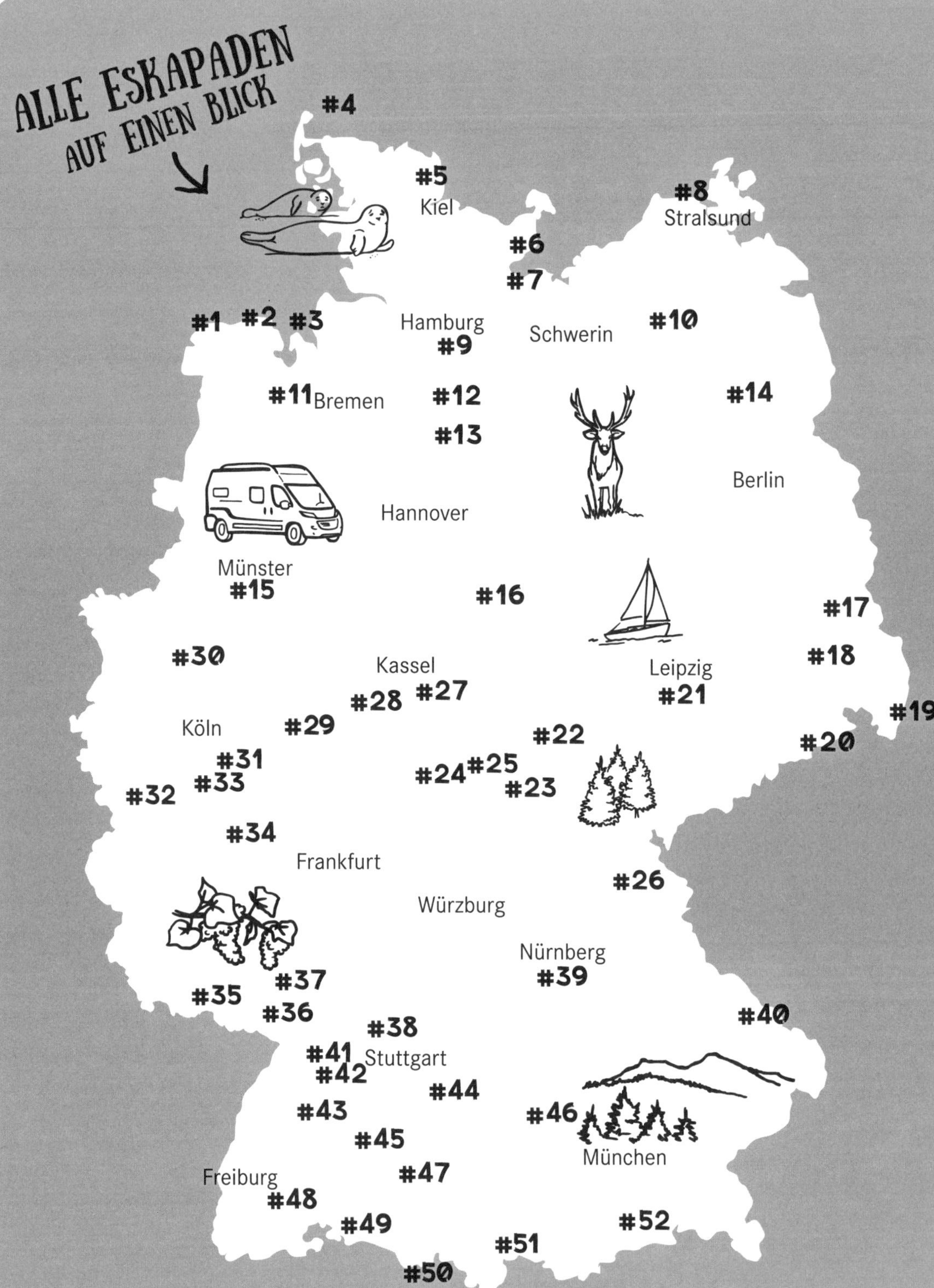
ALLE ESKAPADEN
AUF EINEN BLICK
#4
#5
Kiel
#8
Stralsund
#6
#7
#1
#2
#3
Hamburg
#9
Schwerin
#10
#11 Bremen
#12
#13
#14
Berlin
Hannover
Münster
#15
#16
#17
#30
Kassel
Leipzig
#18
#27
#28
#21
#19
Köln
#29
#22
#20
#31
#33
#24
#25
#23
#32
#34
Frankfurt
#26
Würzburg
Nürnberg
#39
#37
#35
#36
#40
#38
#41
Stuttgart
#42
#44
#43
#46
#45
München
#47
Freiburg
#48
#49
#52
#51
#50

GPX-Download aufs Smartphone – so geht's

Voraussetzung:
Eine Outdoor-App muss installiert sein, z. B. KOMPASS, Outdooractive oder Komoot. Zum Einlesen des QR-Codes benötigen ältere Android-Geräte eine QR-Code-App. Bei neueren Android- und iOS-Geräten ist diese Funktion in der Kamera integriert.

Daten downloaden:

1. Den QR-Code einlesen oder die Webadresse im Browser eingeben, um auf die Eskapaden-Website zu gelangen.
2. Die gewünschte Tour zum Download anklicken.
3. Bei iOS-Geräten werden die GPX-Daten direkt mit der vorab installierten App verknüpft. Bei Android-Geräten muss ggf. noch ein Weiterleiten-Button geklickt werden (z. B. oben rechts im Display). Manche Apps zeigen den Tourverlauf starr an, andere haben eine Navigationsfunktion dabei.

Tourenverlauf

GPX-Daten zum kostenlosen Download
www.dumontreise.de/eskapaden/camper

short.travel/9mhk4

HYMER
HYMER
FREE
BB FF 2205

Ausgeruht ankommen

Ein Wohnmobil ist keine Limousine und so kommt man bedeutend langsamer voran – dies sollte man bei der Planung der Route nicht ganz außer Acht lassen. Es sollte immer genug Zeit für Pausen und Stopps bleiben.

Sicherheit & Notfälle

Bei einer Panne auf der Autobahn kann es sinnvoll sein, über die nächste Notrufsäule Unterstützung anzufordern. Schutzbriefe, beispielsweise vom ADAC oder der ARAG, versprechen rasche Hilfe, wenn man liegen geblieben ist. Wer keinen Schutzbrief hat, kann diesen auch noch vor Ort beantragen.

GUT ZU WISSEN …

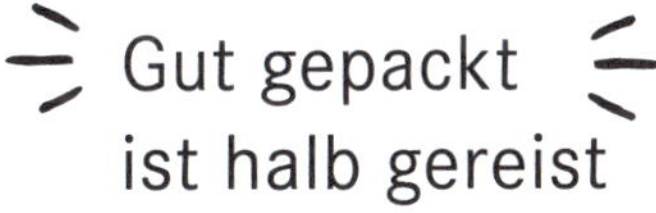

Gut gepackt ist halb gereist

Richtig packen mit einer einmal erstellen Liste. Am besten direkt auf dem Handy, z. B. mit der App Camping List. Kostenloser Download im App Store oder unter Google Play.

Wohnmobile zum Mieten

Eine große Auswahl haben McRent und der ADAC. Aber auch die Vermittlungsportale wie PaulCamper und Share-aCamper helfen beim Finden eines geeigneten Mietmobils. Preisvergleiche liefert auch www.camperdays.de. Es gibt übrigens auch Wohnmobile, in die der Hund mitdarf.

KLEINER CAMPING-GUIDE …

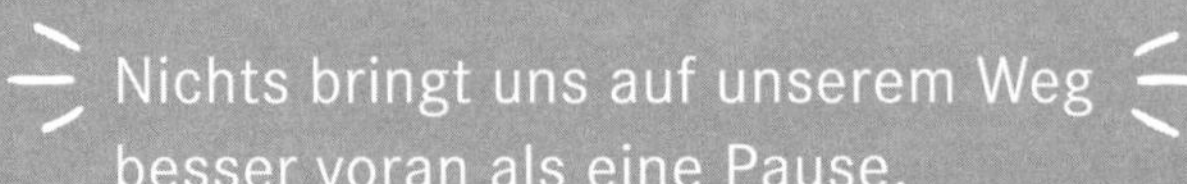

Nichts bringt uns auf unserem Weg besser voran als eine Pause.

Elizabeth Barrett Browning

Stellplatz finden

Zum gelungenen Ausflug mit dem Wohnmobil gehört der passende Stellplatz. Was einen guten Platz ausmacht, muss jeder für sich entscheiden. Das Wohnmobil macht unabhängig und autark und kommt auch eine Nacht ohne Strom, Wasser, Abwasserentsorgung aus. Nachfüllen, Aufladen und Ablassen kann man dann tagsüber auf Campingplätzen und Stellplätzen mit Versorgungsstationen.

Wohnmobile dürfen in Deutschland überall dort abgestellt werden, wo die Straßenverkehrsordnung das Parken erlaubt – also auch auf einem öffentlichen Parkplatz, außer ein Zusatzzeichen verbietet das. Das Übernachten ist dort nur gestattet, wenn es dazu dient, die Fahrtüchtigkeit des Fahrers wiederherzustellen. Das wilde Campen mit einem Wohnmobil ist grundsätzlich verboten. Tisch und Stühle müssen also im Fahrzeug bleiben.

Inzwischen gibt es fast überall öffentliche Stellplätze nur für Wohnmobile. Über die Apps auf der folgenden Seite finden sich besonders schöne Plätze.

Die besten Apps für die Stellplatzsuche

Park4night (www.park4night.com) am Wasser, am Wald, stadtnah ...

Landvergnügen (www.landvergnuegen.com, kostenpflichtig). Die digitale Ergänzung zum Landvergnügen-Stellplatzführer fürs Landleben mit Wohnmobil hilft bei der Navigation zum Bauernhof-Gastgeber.

Über freeontour (www.freeontour.com) kann man den Stellplatz nach Kategorien suchen, für Sportliche, für Genießer, für Familien ...

Auch über Stellplatz-Radar (www.promobil.de > Stellplatz-Radar) findet man Stell- und Campingplätze in der Nähe des Aufenthaltsortes mit Angaben zur Ausstattung.

Campspace (www.campspace.com/en) ist eine Online-Plattform fürs Mikro-Camping, die Stellplätze auf dem Privatgelände einheimischer Gastgeber und kleine Campingplätze anbietet: einzigartige Orte, oft inmitten der Natur.

Neben der kostenfreien Version von Campercontact (www.campercontact.com) gibt es gegen eine Jahresgebühr, die erweiterte Version ohne Werbung. Per GPS findet man leicht zum nächsten Campingplatz.

Für unterwegs

Immer günstig tanken: www.mehr-tanken.de

Fahren ohne Stau: Waze (www.waze.com/de).

Freies WLAN findet man mit den Apps Freifunk oder FreeZone WIFI.

Immer gut unterhalten: www.audible.de. Und wenn man angekommen ist, hilft die App WomoSet (oder Motorhome für Android-Nutzer) den Camper richtig auszurichten.

Ab in die Südsee

Die Südsee liegt mitten in der Lüneburger Heide. Im Südsee-Camp gibt es Sandstrand, Wellen und Me(e)hr für die ganze Familie. Eskapade #13

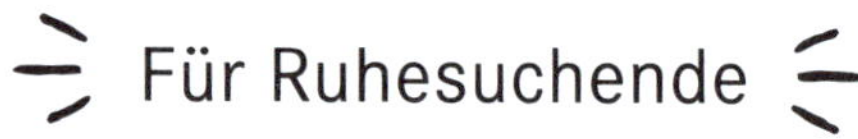

Für Ruhesuchende

Der Campingplatz am Großen Wentowsee in Brandenburg empfängt Gäste über 14 Jahre. Idyllisch steht das Wohnmobil auf dem naturbelassenen Stellplatz zwischen See und Wald. Eskapade #14

5 BESONDERE CAMPINGPLÄTZE ...

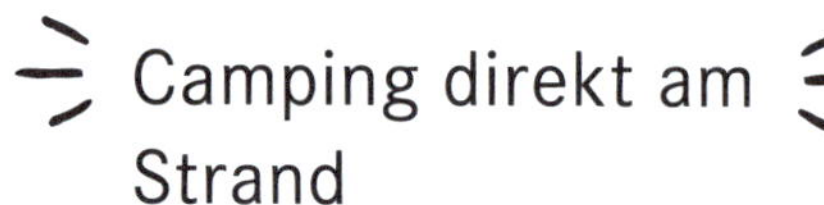

Camping direkt am Strand

In der Ferienanlage Regenbogen auf der Ostseehalbinsel Fischland-Darß-Zingst ist man dem Meer ganz nah – vom Sonnenaufgang bis zum -untergang, Meeresrauschen inklusive. Eskapade #8

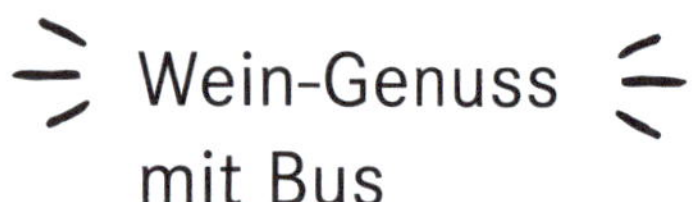

Wein-Genuss mit Bus

Nach der Weinprobe im Weingut Emmel geht es direkt in den Bus, der über Nacht auf dem Parkplatz vor dem Haus stehen bleibt. Einfach vor dem Besuch im Lieblingsrestaurant oder Weingut nachfragen, ob man stehen bleiben darf. Das geht fast immer. Eskapade #33

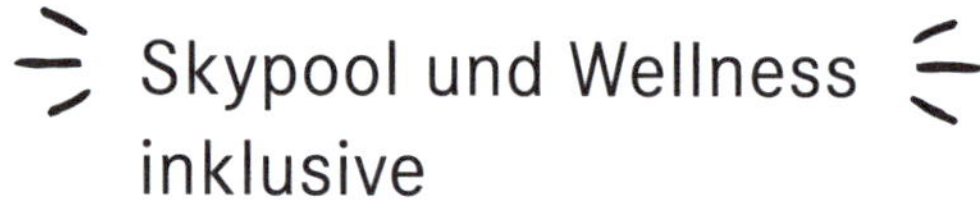

Skypool und Wellness inklusive

Beim Schwimmen im Skypool mit Aussicht bekommt man im Campingresort Bodenmais bereits den ersten Eindruck von den Wäldern, Berggipfeln und Seen des Bayerischen Waldes. Eskapade #40

EINFACHE CAMPING-GERICHTE ...

Matjestatar

Man braucht: 2 Matjesfilets, 1 Schalotte, 1 kleiner Apfel, 1 Gewürzgurke, etwas Zitrone, Zucker, Öl, Salz und Pfeffer. Alle Zutaten sehr klein schneiden und mit den Gewürzen, Zucker, Zitronensaft und Öl mischen. Muss man probiert haben! Lohnt sich insbesondere im hohen Norden, mit frisch gefangenem Fisch, beispielsweise in Zingst. *Eskapade #8*

Pfannenbrötchen

Für zwei Brötchen nimmt man 200 g Dinkel- oder Weizenmehl, 1 TL Salz, 1 TL Backpulver, 150 ml Mineralwasser mit Kohlensäure und etwas Butter zum Einfetten der Pfanne. Alle Zutaten mit den Händen vermengen, zwei Kugeln formen und jeweils einzeln in einer gut gefetteten Pfanne mit Deckel 20 Minuten bei mittlerer Hitze rösten. Ideal, wenn mal kein Bäcker in der Nähe ist – oder die Brötchenbestellung am Vortrag vergessen wurde. *Eskapade #9*

Pasta mit frischen Tomaten

Benötigt werden: Tomaten, Knoblauch, Basilikum, Olivenöl, Parmesan, Salz und Pfeffer. Pasta kochen und währenddessen die Knoblauchzehe fein schneiden. Die 8–10 kleinen Tomaten würfeln und mit dem Knoblauch, den Basilikum-Blättern, Olivenöl und Gewürzen vermengen. Mit den warmen Nudeln mischen und Parmesan darüber verteilen. Immer lecker – und noch besser direkt unterm Sternenhimmel in der Eifel. *Eskapade #32*

Vatermörder-Cocktail

Klingt schaurig, schmeckt aber gar nicht so: Der Cocktail besteht aus 5cl Maracujasaft, 3 cl Vatermörder-Essig und 3 cl Ginger Ale. Alle Zutaten mischen und mit einer ½ Limettenscheibe und 3 Safranfäden dekorieren. Zum Wohl! Den Vatermörder-Essig bekommt man auf dem Doktorenhof in der Pfalz. *Eskapade #37*

Avocado-Pasta

Simpel und sehr lecker ist eine Avocado-Pasta. Die Sauce besteht aus pürierter Avocado (einfach mit einer Gabel zerdrücken), gehackter Minze, ausgepresster Zitrone und etwas Parmesan. Die Sauce mit den warmen Nudeln vermischen. Schmeckt besonders gut mit einem Glas Riesling, beispielsweise am Mittelrhein. *Eskapade #33*

Schokokuchen

Benötigt werden: 200 g Butter, 200 g Zucker, 3 Eier, 200 g Mehl, 1 TL Backpulver, 4 TL Kakao, 1 EL Milch. Die weiche Butter mit einem Schneebesen cremig rühren, 1/3 des Zuckers dazugeben und mit den Eiern schaumig rühren. Nach und nach den restlichen Zucker einrieseln lassen. Mehl, Backpulver und Kakao mischen, mit der Milch zur Buttercreme geben, unterheben und in die OMNIA Form füllen. 30 Minuten auf kleinster Hitze backen. Lust auf was Süßes? Ersetzt zwar keinen Nürnberger Lebkuchen, ist aber trotzdem wahnsinnig lecker! *Eskapade #39*

NOCH MEHR ESKAPADEN …

Das gesamte Programm gibt's im Buchhandel
und unter www.dumontreise.de

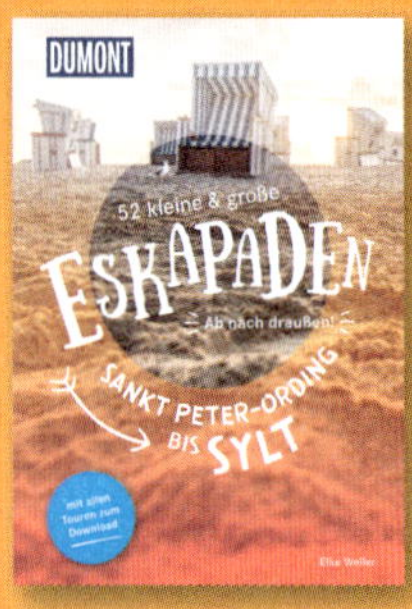

ISBN 978-3-7701-8076-9

ISBN 978-3-7701-8086-8

ISBN 978-3-7701-8092-9

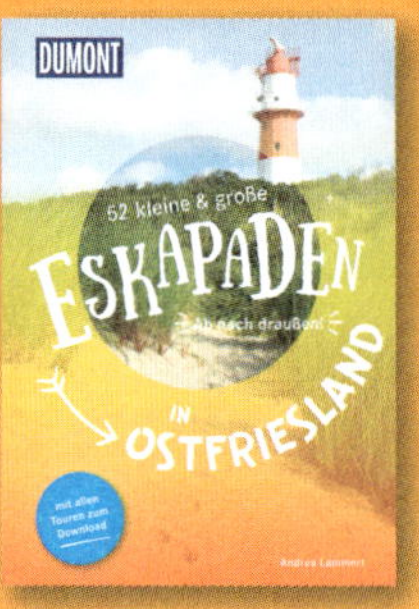

ISBN 978-3-7701-8098-1

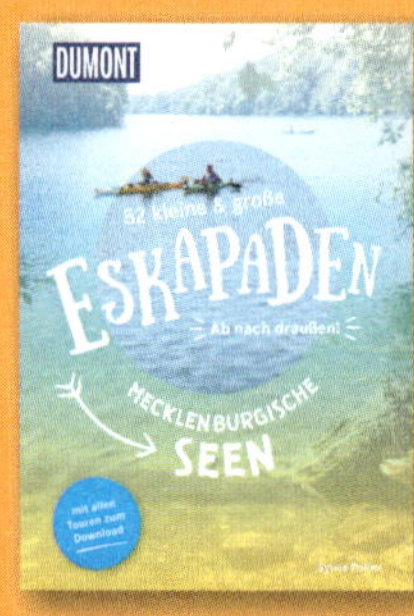

ISBN 978-3-7701-8084-4

ISBN 978-3-616-11007-3

ISBN 978-3-7701-8093-6

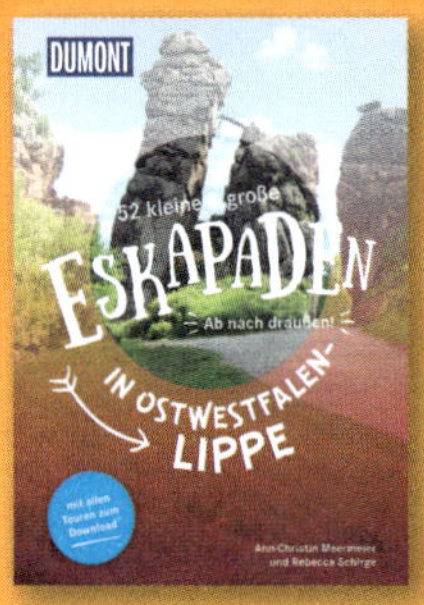

ISBN 978-3-616-11017-2

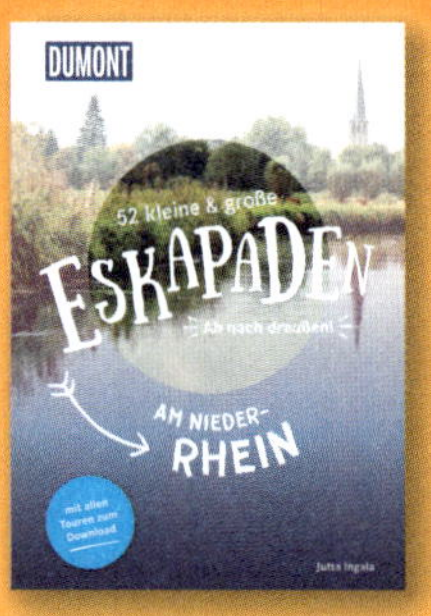

ISBN 978-3-7701-8082-0

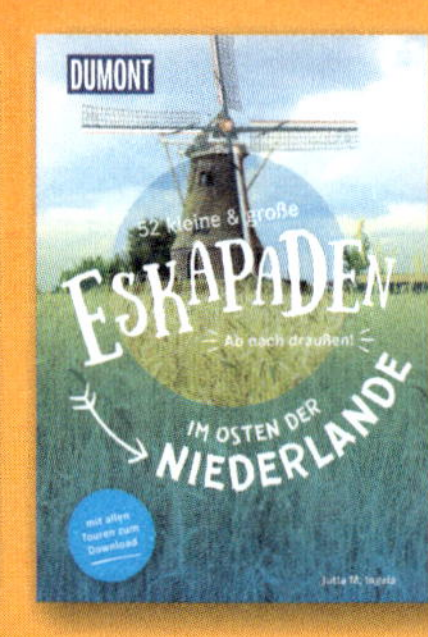

ISBN 978-3-616-11011-0

ISBN 978-3-7701-8087-5

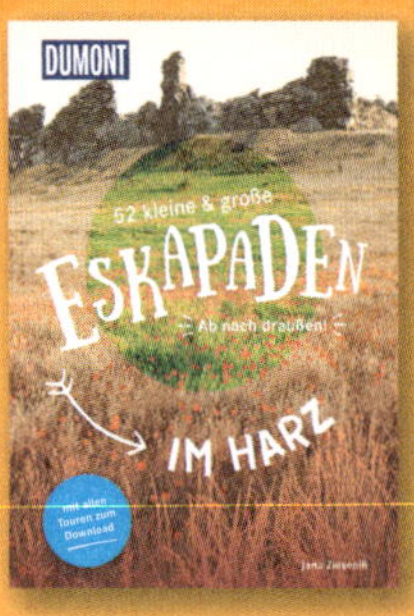

ISBN 978-3-7701-8072-1

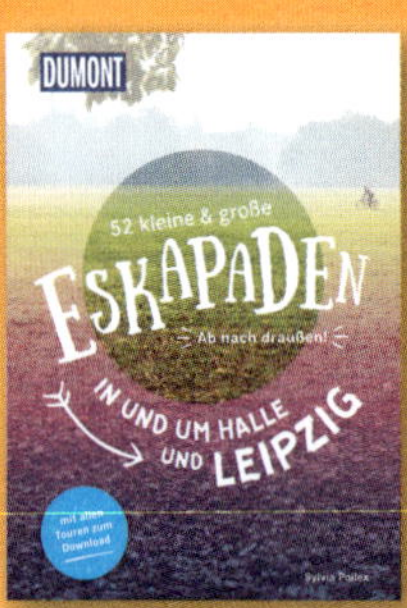

ISBN 978-3-7701-8074-5

ISBN 978-3-616-11013-4

ISBN 978-3-7701-8099-8

WEITERE DEUTSCHLAND-REISEN ...

ISBN 978-3-616-11021-9

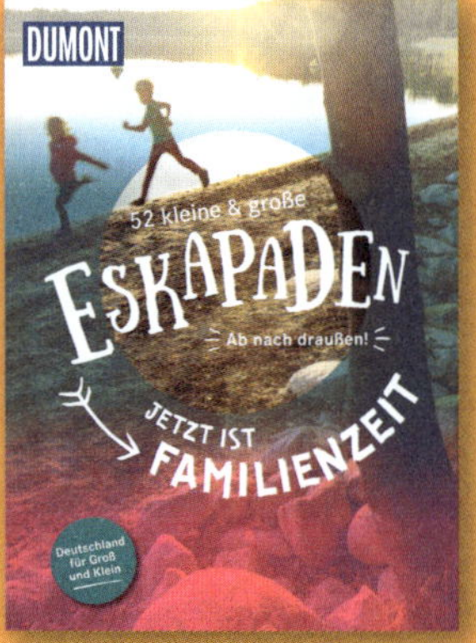

ISBN 978-3-7701-8234-3

ISBN 978-3-7701-8235-0

IMPRESSUM

WER HAT WAS GEMACHT?

Reihenkonzept Monique Sorban

Projektmanagement Svenja Heinle

Cover-/Buchgestaltung & Illustrationen Carolin Weidemann, Köln, www.weidemann-design.com

Umschlagproduktion, Lektorat & Buchproduktion Verlagsbüro Wais & Partner (Julia Rietsch, Kai Wieland), Stuttgart, www.wais-und-partner.de

Text & Fotos Annette Frühauf, Weil der Stadt, www.reisenundberichten.de; mit folgenden Ausnahmen: Shutterstock.com/Gaschwald (Titelseite), Shutterstock.com/Juergen Wackenhut (S. 19, 20 l. o.); Rothaarsteigverein e.V./Anne Ermecke (S. 124); Rothaarsteigverein e.V./Kappest (S. 125, 126 l. o.); © Stiftung Industriedenkmalpflege und Geschichtskultur/Markus Bollen (S. 128–131); Dominik Ketz (S. 136, 139 u.); Martin Weisgerber (S. 137); Maximilian Kaiser (S. 138); Marco Felgenhauer/Woidlife Photography (S. 171, 172, 173 r. u.)

Kartografie © KOMPASS, Innsbruck, unter Verwendung von Kartendaten von © OpenStreetMap-Mitwirkende, Lizenz CC-BY-SA 2.0

Hinweis Alle Informationen wurden mit größtmöglicher Sorgfalt geprüft. Infolge der Corona-Pandemie kann es allerdings zu kurzfristigen Geschäftsschließungen und anderen Änderungen vor Ort gekommen sein.

Printed in Poland

2. Auflage 2022

ISBN 978-3-616-11020-2

www.dumontreise.de

Ab nach draußen!

ESKAPADEN-REGISTER ...

Alle Orte mit Seitenverweisen

ANNETTE FRÜHAUF

... über die Autorin

Mit Begeisterung recherchiert und schreibt Annette als freie Journalistin am liebsten Reisereportagen für Zeitungen und Magazine. Fernweh kommt da gar nicht erst auf. Dafür gibt es viele neue Erlebnisse – mit interessanten Menschen und an besonderen Orten, die über den Urlaub hinaus bereichern. Diese Erfahrungen möchte sie mit ihren Leserinnen und Lesern teilen.

Aus Neugier hat sich Annette irgendwann ein Wohnmobil ausgeliehen und das Campen entdeckt: die Sonne über dem Meer aufgehen sehen und abends den Sternenhimmel über den Bergen bestaunen können, das machen, worauf man Lust hat, um dann weiterzuziehen. Auf den Fahrten für diesen Eskapaden-Band wurde Annette immer wieder von ihrer Familie begleitet, viele der Fotos im Buch und auf ihrem Blog www.reisenundberichten.de stammen von ihrem Mann Holger.

On the road

Eskapade #20: Bei Roadtrips mit dem Camper ist der Weg das eigentliche Ziel. Beispielsweise auf der Sächsischen Weinstraße, die sich durch die schönsten Abschnitte des Elbtals schlängelt und fast schon mediterranes Flair versprüht.

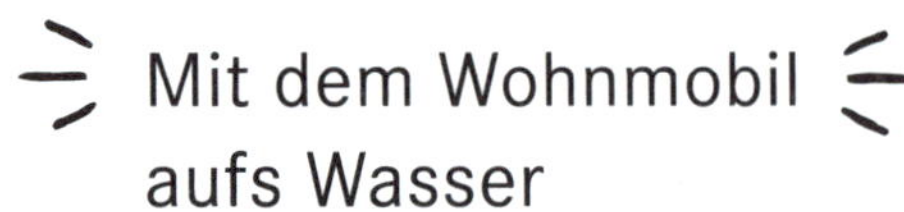

Mit dem Wohnmobil aufs Wasser

Eskapade #14: Das geht in Brandenburg und zwar mit dem freecamper, einem schwimmenden Floß mit Motor und viel Platz für Campingmobile. Sich treiben lassen auf der Havel zwischen Hausbooten, Segeljachten und Motorkähnen tut einfach nur gut und macht tiefenentspannt.

5 BESONDERE EMPFEHLUNGEN …

Industriekultur

Eskapade #35: Mit dem Fahrrad kämpft man sich im Saarland auf den »Monte Schlacko«, wie die Halde Duhamel auch genannt wird, gekrönt von einem Monument aus Stahl: Das Saarpolygon führt in eine Zukunft ohne Bergbau, dessen Vergangenheit hier aber überall noch präsent ist.

Von allem etwas

Eskapade #50: Ein Wochenende, vier Länder – mit allem, was Spaß macht: Canyoning im Nachbarland Österreich, wandern durch eine traumhafte Bergkulisse im Fürstentum Liechtenstein, Sightseeing in der Schweiz und See-Feeling in Lindau am Bodensee.

Wildnis pur

Eskapade #43: Die Kräfte der Natur offenbaren sich beim Wandern auf dem Wildnispfad im Schwarzwald. Hier tobte sich Orkantief Lothar 1999 so richtig aus und hinterließ eine Schneise der Verwüstung. Inzwischen erholt sich die Landschaft und verändert sich Tag für Tag.